大案诊微

前行中的
中国刑事法治

时延安　刘计划　主编

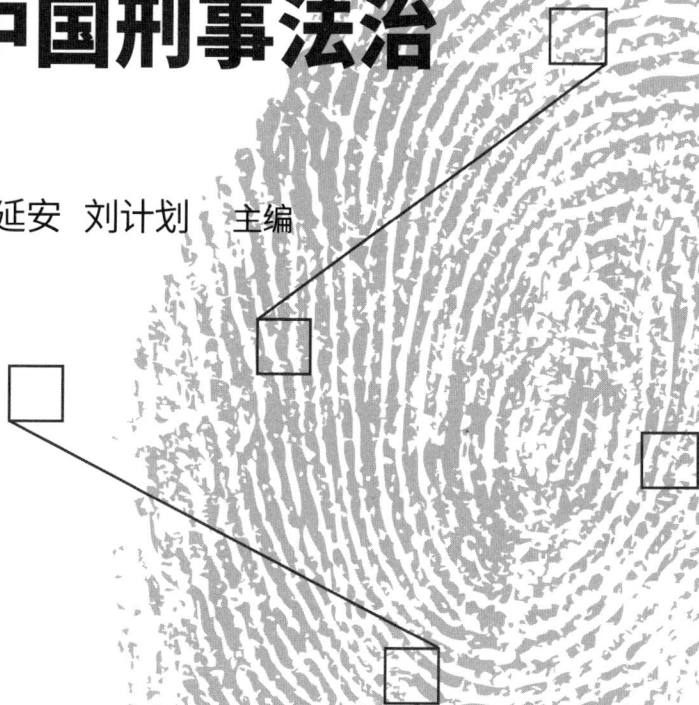

中国言实出版社

图书在版编目(CIP)数据

大案诊微：前行中的中国刑事法治 / 时延安，刘计划
主编. -- 北京：中国言实出版社，2024.12.
ISBN 978-7-5171-4980-4

Ⅰ. D924.04
中国国家版本馆CIP数据核字第20256WG252号

大案诊微：前行中的中国刑事法治

责任编辑：宫媛媛
责任校对：张国旗

出版发行：中国言实出版社

地　　址：北京市朝阳区北苑路180号加利大厦5号楼105室
邮　　编：100101
编辑部：北京市海淀区花园北路35号院9号楼302室
邮　　编：100083
电　　话：010-64924853（总编室）　　010-64924716（发行部）
网　　址：www.zgyscbs.cn　　电子邮箱：zgyscbs@263.net

经　　销：新华书店
印　　刷：北京铭传印刷有限公司
版　　次：2025年4月第1版　　2025年4月第1次印刷
规　　格：710毫米×1000毫米　　1/16　　13印张
字　　数：190千字

定　　价：69.00元
书　　号：ISBN 978-7-5171-4980-4

主 编

时延安 刘计划

撰稿人（按姓氏笔画排序）

王冰鑫 王奕琛 王靖宜 孙剑锋

李 玙 吴 琼 赵家祥 韩金泥

韩延智 薛子寒

犯罪问题的多维分析

　　2022 年是令人难忘的一年，新冠疫情为社会治理包括犯罪治理带来新的问题。对待犯罪问题，过于乐观或者过于悲观地看待犯罪态势，可能会在犯罪治理上出现偏失；以科学而严谨、审慎的态度观察犯罪问题的发展变化，对犯罪治理的思路和方式进行反思和调整，则可能收到犯罪治理的良好效果。对重大且有影响力的刑事案件从多个维度进行理论剖析，从中可以看到促成一个具体犯罪的各种因素，而对个案处理过程及结论的研究，则可以清晰地观察公安、司法机关对具体刑事案件的"解题"过程，由此认识到刑事司法工作人员在惩治犯罪中的策略和方法。以小喻大，对最有影响力刑事案件的解析，可以大致认识到刑事法律制度和机制的运作规律，这就是"诊微"的意义所在。

一

　　经过多年有效的犯罪治理，我国社会治安总体向好，严重暴力犯罪案件持续下降，不过，在社会安定和谐的总体氛围中，仍然有一些令人发指的案件出现。"丰县生育八孩女子案"于 2022 年初出现在公众视野中，直接引发妇女权益保障、精神病人权益保障等话题，刑法学界学者再次围绕收养被拐卖妇女问题展开激烈的讨论。曾一度淡出研究视野的拐卖妇女问题，又重新进入研究视野，而人们再次认识到，刑事执法和司法要继续关注处于弱势的妇女和精神病人的权益保障问题；刑事法制要关注社会的神经末梢，要关注社会治理中的细节。"劳荣枝故意杀人、绑架、抢劫案"在2022年基本上尘埃落定，在2023年底才最终画上句号。该案情节曲折，足以成为一部刑事法治类文学作品的素材。从法律适用角度看，该案并不复杂，而从劳荣枝走上犯罪历程以及案发过程来看，可以从犯罪学、刑事司法学等多个角度进行分析。该案之所以引发关注，并非该案定性上有多么复杂，而是让人们更多地从一个人的犯罪中看到人性中的阴暗一面，同时也令人揣测：一个人走上犯罪道路甚至走到社会的对立面，到底是什么因素发挥着主导作用？

在治安类刑事案件总体上呈下降趋势的同时，对经济类刑事案件的发展趋势应给予更多关注。"鲜言操纵证券市场案"就能够反映出当前证券市场规制存在的问题，该案刑事部分虽然在2020年底终结，但该案引发的全部法律纠纷最终在2022年才处理完毕，可见处理这类证券类犯罪的复杂性。尤其值得关注的是，鲜言从事证券违法行为数年，但其犯罪行为被追究却有些晚，如此说明证券市场的监督乃至治理都存在一些问题。经济犯罪发展的一个重要特点，就是新的犯罪形式不断出现，由此给处理这类案件带来很多新问题，可以预见，经济犯罪的表现形式会不断变化，刑事政策与刑事法律的理论也要更具前瞻性和系统性。"易真武敲诈勒索被判无罪案"则凸显了当前市场经济中存在的另一个问题，就是信用缺失和维权不当的问题。在该案中，本来应受指责的一方是欠债不还的"老赖"，但债权人却采取了揭发隐私的方式来维护自己的权利，这种维权既荒唐但也显得十分无奈。从该案处理中的教训看，如何建立起真正符合市场经济需要的诚信体系，仍任重道远，而司法机关如何肩负起应有的责任，也是进一步推动社会主义法治建设要解决的重要问题。

刑事法治的进步，不仅表现在依法、及时、有效惩治犯罪方面，还表现在确保无罪的人不受法律追究，被错陷囹圄的人能够及时脱离困境。刑事司法中出现错案，在很多情形下与人们认识世界的能力有关。"最高人民检察院抗诉纠正辛龙故意杀人申诉案"经过最高人民检察院抗诉，终将罪犯绳之以法，以法律的名义还了被害人及其家属一个公道。而"谭修义'强奸杀人'再审无罪案"、"张满'故意杀人'被判无罪案"，则是两个新的、刑事司法自我纠错的事例。回家之路曲折艰辛，刑事司法也终于能够还两个人以法律上的公道。冤案必伸，错案必究，如此才能彰显社会主义法治的优越性，才能让人们体会"看得见的正义"，只是人们希望正义能及时到来，而不再姗姗来迟。

二

几乎所有人文社会学科，都会对犯罪问题感兴趣，而所有的社会科学学科都或多或少研究犯罪问题，只不过其研究视角、方法以及目的存在差异。在社会科学中专门从事犯罪及其控制研究的学科领域被称为刑事科学，包括刑事法学、犯罪学、刑事政策学、刑事司法学、犯罪侦查学等。

在诸多刑事科学学科关系中，首先要理解刑事法学与犯罪学的关系。犯罪学的知识带有综合性，犯罪学的视角也带有明显的多维性，可以说从不同社会科学提供的视角都可以用来分析犯罪问题。在这个研究领域当中，分化出来了犯罪学一般理论、犯罪统计学、犯罪生物学、犯罪心理学、犯罪社会学、被害人学等学科。比较而言，犯罪学知识的"裂变"程度要远超于其他刑事科学的分支。刑事法学与犯罪学在研究对象和方法上存在明显的不同，前者研究对象是刑法中的犯罪及其制裁、刑事追诉、审判与执行以及证明犯罪的问题，研究方法主要是运用解释的方法；后者则研究犯罪现象、原因以及对策，研究方法上比较多样，其中实证研究方法占据重要的位置。更为准确地说，前者研究是刑事法律问题，后者才是研究犯罪问题本身。从这个角度看，刑事法学与犯罪学是相关学科，两者在研究对象上就存在很大差异。此外，两者在使用的"犯罪"的概念和范围上也存在差异：刑事法学中使用的"犯罪"概念和范围，是刑法所确定的；犯罪学中使用的"犯罪"则指任何危害社会及个人利益的行为。具体而言，犯罪学对于刑事法学的意义表现在两个方面：一是为刑事法学的研究提供问题意识，即提供社会生活中犯罪存在的方式及样态；二是为刑事法学理论及其实践提供检验，即是否符合犯罪治理的现实需要。不过，需要强调的是，将刑事法学与犯罪学进行一体化研究是无法实现的，因为两者讨论的问题是不同的，形象而言，运用刑事法学的知识和犯罪学知识不会在同一个时空出现，换言之，两者找不到共同的论域。

其次，要准确理解刑事政策学与刑事法学的关系。刑事政策学，是以一国或者地区制定的预防、惩罚犯罪，维护国家、社会安全与秩序的各项政策为研究对象的知识体系。刑事政策学知识体系的基础主要是政治学，部分源自法学和犯罪学。刑事政策学与刑事法学关系密切，刑事政策在刑事立法、司法和执行上始终发挥指导作用，从一定意义上讲，刑事政策是整个刑事法制的基本遵循。刑事政策对立法和司法实践的指导作用，是通过刑事立法活动和刑事司法行为来达成的。在社会主义法治框架内，刑事政策不能直接发挥对刑事法律关系的调整作用。在研究刑事法学中，要特别关注刑事立法、刑事司法行为所遵循的刑事政策问题，如此才能更为准确地理解刑事法律、刑事司法解释的制定背景和价值取向。准确地讲，刑事政策学与刑事法学属于相关学科，两者所涉及的问题并不相同，刑事法学研究学者在解释刑事法律时会参酌刑事政策层面的要求，但不会将刑事政策学的知识直接用于解释当中，只有将刑事政策进行必要的学理转化（价值和目的）之后，才能体现到刑事法律的解释当中，然而此时已经不再是刑事政策意义上的表述了。例如，宽严相济刑事政策对刑事立法和司法都具有指导意义，然而进入刑法学中，却只能在罪刑均衡的实现、目的解释等问题中有所体现。从这个角度分析，刑事政策学与刑事法学所涉及的问题也不会出现在同一论域当中，两者也无法实现一体化。

最后，要关注刑事司法学与刑事法学的关系。我国国内对刑事司法学这一学科的研究还处于萌芽阶段，但实际上很多刑事司法改革、刑事司法活动规律的研究都可以归入刑事司法学的研究，只不过一些研究者并没有认识到其运用的知识并非法学知识，而是司法学的知识。刑事司法学是研究刑事司法机构以及刑事司法行为的知识体系。一般而言，在我国，司法机关只限于检察机关和审判机关，而刑事司法学中的"刑事司法机构"是根据其职能及从事法律活动的性质进行归类的，且限于相关机关中的特定机构，包括从事刑事案件侦查的机构、起诉的机构、审判的机构和刑事执行的机构。除了研究刑事司法机构外，刑事司法学重点研究刑事司法的一般原理、刑事司法机构的行为、刑事司法活动的组织、不同刑事司法行为的衔接、刑事司法行为的控制等内容。刑事司法学知识体系理论基础来自法学、政治学、公共管理学、公共政策学等，同时，因其有独立的研究对象和综合的研究方法，应将其视为一个相对独立的学科。刑事司法学与刑事法学关系密切，刑事法律的实施依靠刑事司法行为来进行，刑事法律实施能否实现决策者和立法者的目的，也需要经由刑事司法行为得以实现，刑事司法行为的质效决定了刑事法律目标实现的程度。刑事司法学与刑事诉讼法学之间关联度很高，因为两者都将刑事司法机关及其诉讼活动作为研究对象。不过，两者研究还是存在差异的，刑事司法学研究的侧重点是刑事司法机关的活动如何组织、开展以及如何评价，刑事诉讼法学研究的是刑事司法机关职权活动的法律根据及法律适用问题。从这个角度看，刑事诉讼法学与刑事司法学是高度相关但不同的学科，以刑事诉讼法学知识来作为刑事司法学知识的主要来源，也是一个美丽的误会，也可能在实践中出现榫不对卯的情况。

三

认识到刑事科学的综合意义，对我们看待、分析、研究犯罪问题具有重要意义，这就促使我们要将犯罪问题置于一个多维的分析框架之内，将犯罪学、刑事政策学、刑事司法学以及刑事法学进行综合研究。所谓综合研究，就是将某一犯罪治理问题置于一个多维的分析框架当中，然后将经过多维分析的结论进行综合比对，进而验证基于一个学科的分析结论在其他学科的知识体系当中能否支持，如果答案是否定的，则需要回到原来学科的分析框架中进行修正。就这四个学科来讲，进行综合研究也需要按照一定的次序进行排列。假设该图中（见图1）的圆球为犯罪问题，那么，当运用刑事法学、犯罪学、刑事政策学和刑事司法学进行综合研究时，就会将犯罪问题置于四个学科的综合审视当中，当四个学科的知识存在不协调之处时，四个侧面就不会稳妥地结合在一起；只有当四个层面能够紧密地结合在一起时，且每个侧面与圆球之间的缝隙最小化时，就可以说，运用四个方面知识对该问题的解决是妥当且高质效的。

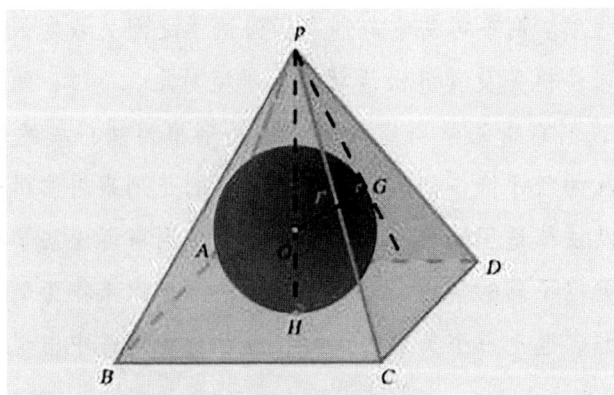

图1　示意图

对最受关注刑事案件进行综合研究，同样置于这一分析框架之内，并可以分为四个步骤来进行：（1）将最受关注刑事案件从庞大数量的刑事案件中选择出来，实际上这是研究犯罪学的一种方法，主要集中在媒体、舆论与犯罪这个维度上。一个刑事案件为媒体、舆论所关注，既有偶然性，又有必然性，其必然性就体现在该案件事实或者某些要素触碰了社会的敏感神经，因而观察某一刑事案件是否为媒体和舆论所关注，可以洞悉社会心理。（2）将这类案件置于刑事法学的分析视角之中，即对判案所运用的实体法和程序法进行分析，讨论案件处理是否妥当，如此可以检讨案件处理是否实现政治效果、法律效果和社会效果的统一；如果案件处理结果没有问题，但是，仍受到舆论批评和质疑的，就需要进一步反思法律规定或者解释是否出现了问题。（3）将这类案件置于刑事司法学的视野之内，即从个案处理的过程反思刑事执法、司法活动是否存在偏差。对冤错案件的分析，尤其能够发现刑事司法实践中机制存在的问题，包括可能存在较为明显的机制"短板"。（4）将这类案件置于刑事政策学的维度进行分析，即从这类案件中发现犯罪发生规律，及时总结犯罪治理中存在的具体问题，进而在具体刑事政策上进行反思。同时，刑事政策学研究必然会关注犯罪学研究的结论，并从犯罪学角度进行分析。

编写团队坚持综合的研究方法，在进行较为全面、深入的刑事法学分析的基础上，尝试从犯罪学、刑事政策学和刑事司法学角度进行探讨，通过这种综合研究的方式为读者提供更为全面、立体化的分析视角，让读者更好地看清个案所具有的现实意义。

四

每一年编写这套系列"小书"，心情总是非常复杂，因为总要回顾那些晦暗的时刻，总要近距离去了解案件中每个人和他们的生活。编写

《大案诊微：前行中的中国刑事法治》时感到五味杂陈，因为在回顾每个案子的时候，会想起同一时刻的人们和自己，以及逝去的人。尤其是我们尊敬的先生王作富教授因病离世，我们举行了追思会作最后的送别。

然而，当我们回想每一个过往时，更应珍惜现在和未来，正像每个刑事法学研究者，对犯罪和刑罚的研究，并非对其有所谓的热爱，更多的是希望能够通过刑事法治恢复正义，维护人们的幸福生活。从这个角度上讲，我们的研究更多的是为了希望而展开的。

感谢各位年轻的作者！当你们憧憬着你们的知识为他人照亮一片空间时，你们也在被他人所照亮。

感谢各位读者！毕竟看纸质书的人越来越少了。虽然不能谋面，我想，我们总是在一起的，因为我们关注的是同样的世界里不同人群的异样的人生。

时延安　刘计划
2024 年 1 月

目 录

美妙而诱人的谎言

——鲜言操纵证券市场案

在证券市场，不断地有人试图通过人为操纵证券市场的波动谋取利益。2017 年 3 月 30 日，中国证券监督管理委员会（以下简称"中国证监会"）的一份天价罚单再一次将操纵证券市场行为带到投资者视野中。这张罚单针对行为人鲜言操纵市场的行为共罚没合计约 34.7 亿元，其中没收其违法所得 578330753.74 元（约 5.78 亿元），并处以违法所得 5 倍的 2891653768.70 元（约 28.92 亿元）罚款。另外，对其违法信息披露的行为，给予警告并处以 60 万元罚款。这笔合计约 34.7 亿元的天价罚单，创下了 A 股成立以来中国证监会开出的最高罚款金额的纪录。与此相比，2016 年中国证监会全年作出的罚款总金额仅为 42.8 亿元。美妙而诱人的谎言，严重扰乱了融资市场秩序，更给无数投资者带来无穷的噩梦。揭开谎言营造的重重黑幕，我们能看到什么呢？

一、案情回顾 ①

鲜言，时任上海多伦实业股份有限公司（以下简称"多伦公司"）实际控制人、董事长、法定代表人、董事会秘书（代）及多伦投资（香港）有限公司（以下简称"香港多伦"）实际控制人、法定代表人。多伦公司于 1993 年 12 月在上海证券交易所上市；汉通公司成立于 2009 年 8 月，2010 年左右成为被多伦公司持股 70% 的子公司。2012 年 5 月左右，鲜言经与时任多伦公司实际控制人的李某某商议，收购了李某某通过香港多伦持有的多伦公司 11.75% 股权（共计 4000 万股）。2012 年 11 月，多伦公司及汉通公司的法定代表人被变更为鲜言。

根据中国证监会发布的行政处罚决定书、上海市高级人民法院的刑事二审判决决书以及上海金融法院审理的民事判决书，鲜言有如下四种操纵股票市场的行为：

（一）鲜言通过控制多伦公司拟更名一事信息披露误导投资者

2015 年间，鲜言作为多伦公司的实际控制人、董事长兼董事会秘书，个人决定启动公司名称变更程序。同年 4 月 9 日，鲜言安排公司员工至上海市工商行政管理局申请变更企业名称，将多伦公司名称变更为"匹凸匹公司"（谐音为"P2P"）。

2015 年 4 月底，多伦公司分别召开第七届董事会第八次、第九次会议。鲜言既未将更名事项提交董事会审议，亦未将更名事项告知其余董事会成员。5 月 4 日，市工商局通知名称变更审核已经通过，多伦公司

---

① 案情回顾梳理自：《中国证监会行政处罚决定书（鲜言）》〔2017〕29 号，中国证券监督管理委员会：http://www.csrc.gov.cn/csrc/c101928/c1042716/content.shtml，2024 年 10 月 22 日访问；《中国证监会市场禁入决定书（鲜言）》〔2017〕8 号，中国证券监督管理委员会：http://www.csrc.gov.cn/csrc/c101927/c1042089/content.shtml，2024 年 10 月 22 日访问；《上海市第二中级人民法院刑事判决书》（2018）沪 02 刑初 28 号；《上海市高级人民法院刑事判决书》（2019）沪刑终 110 号。

于同日发出召开董事会会议通知。5 月 7 日，多伦公司召开第七届董事会第十次会议，审议通过企业名称及经营范围变更，并于同日将草拟的公告内容递交上海证券交易所审核。5 月 8 日，多伦公司收到上海证券交易所关于公告内容的问询函；5 月 11 日，多伦公司就问询函的相关问题进行了回复。多伦股份原从事生产与销售高级挂釉石质墙地砖，房地产开发与经营，国内采购的金属材料、建筑材料批发等业务，而申请变更后，其名称中涉及的行业为"金融信息服务"，与公司原经营范围相比发生了重大变化。

2015 年 5 月 11 日，多伦公司对外发布《关于公司名称变更的公告》《关于获得控股股东 www.p2p.com 网站域名特别授权的公告》。其中，《关于公司名称变更的公告》中有关公司更名的原因表述为立志于做中国首家互联网金融上市公司，基于业务转型的需要，为使公司名称能够体现主营业务，拟将名称变更为"匹凸匹公司"。同时，《关于获得控股股东 www.p2p.com 网站域名特别授权的公告》称，通过本次授权可以使公司在互联网金融行业获得领先竞争优势，该特别授权对公司转型具有突破性意义，必将给公司带来深远影响。然而，从该公告的内容来看，www.p2p.com 网站正在筹备中，并无任何业务运营，且香港多伦只免费授权该网站域名使用 1 年，后续是否授权使用存在不确定性。2015 年 6 月多伦公司正式更名为"匹凸匹公司"后，并未开展 P2P 业务，也未开展除了配资以外的金融业务，且配资业务在公司更名之前即已经开展。在上述公告发布后，2015 年 5 月 11 日至 6 月 2 日，"多伦股份"可交易日共计 6 日，股价连续 6 日涨停，涨幅为 77.37%；同期上证指数涨幅为 16.75%，中证互联网金融指数涨幅为 29.58%。

早在 2015 年前，鲜言就控制了刘某某、鲜某、夏某某等人的个人证券账户，并实际控制了西藏信托有限公司、厦门国际信托有限公司、万向信托有限公司、四川信托有限公司、华润深国投信托有限公司、方正东亚信托有限公司的"鸿禧 1 号""鸿禧 2 号""柯塞威 1 号"等 14 个信托账户中的 28 个 HOMS 单元。

鲜言所控制的账户组在上述事项披露之前就开始连续买卖"多伦股份"。账户组在 2015 年 4 月 21 日至 5 月 10 日期间（4 月 15 日至 4 月 28 日"多伦股份"停牌，4 月 29 日复牌后至 5 月 10 日共 6 个交易日），除 4 月 29 日当天没有交易"多伦股份"外，其余 5 个交易日连续净买入"多伦股份"，合计 17889746 股，交易金额 202077118.46 元，日均净买入约 3577949 股，远大于 2014 年 1 月 17 日（账户组首次交易"多伦股份"）至 2015 年 4 月 20 日期间（账户组净买入"多伦股份"的交易日共计 110 个）日均净买入量 965936 股。经法院认定，2015 年 4 月 30 日至 5 月 11 日间，鲜言通过其控制的前述账户组，买入多伦公司股票共计 2520 万余股，买入金额 2.86 亿余元。

（二）鲜言通过虚假申报操纵"多伦股份"股价

2015 年 5 月 11 日、5 月 12 日，账户组在涨停价买盘远大于卖盘的情况下，大量以涨停价申买"多伦股份"，并频繁撤单然后再申报，明显不以成交为目的，以虚假申报方式制造涨停价买单众多假象，影响投资者判断，两天实际买入量均为零。

2015 年 5 月 11 日，集合竞价阶段 9：15：00 至 9：24：59，"多伦股份"全市场涨停价（12.06 元）买申报量为 81381600 股。其中，账户组 9：15：08 至 9：19：21 以涨停价买申报"多伦股份"39 笔，共计 15804100 股，占同期市场涨停价申买量的比例为 19.42%。2015 年 5 月 11 日之前 10 个交易日"多伦股份"日均成交量为 40148650 股，账户组集合竞价涨停价买申报量为前 10 天日均成交量的 39.36%。集合竞价阶段"多伦股份"全部买申报量为 522551 股，共成交 459951 股，成交价为 12.06 元，买申报量占集合竞价阶段市场全部涨停价买申报量的 0.64%，占账户组涨停价买申报量的 3.31%。在连续竞价阶段 9：38：53 至 13：21：26 期间，账户组对集合竞价阶段 39 笔申报中的 8 笔予以撤单，撤单量共计 5059600 股，撤单量占集合竞价阶段申报量比例为 32.01%。

2015 年 5 月 12 日，集合竞价阶段 9：15：00 至 9：24：58，"多伦股

份"全市场涨停价（13.27 元）买申报量为 85296400 股。其中，账户组 9:15:37 至 9:23:08 以涨停价买申报"多伦股份"48 笔，共计 14250500 股，占同期市场涨停价申买量的比例为 16.71%。2015 年 5 月 12 日之前 10 个交易日"多伦股份"日均成交量为 38378510 股，账户组申报量为前 10 天日均成交量的比例为 37.13%。集合竞价阶段市场全部卖申报量为 511602 股，成交 456802 股，成交价为 13.27 元。卖申报量占同期市场涨停价买申报量的比例为 0.60%，占账户组涨停价买申报量的比例为 3.59%。在连续竞价阶段 9:30:05 至 14:45:22 期间，账户组对集合竞价阶段 48 笔申报中的 24 笔撤单，撤单量共计 7300500 股，撤单数量占申买数量的 51.23%。

（三）鲜言通过集中资金优势、持股优势连续买卖操纵"多伦股份"股价

2014 年 1 月 17 日至 2015 年 6 月 12 日（以下简称"操纵期间"），"多伦股份"有 316 个交易日，账户组在 223 个交易日中交易了"多伦股份"。其中，买入量排名第一的有 93 个交易日，排名居前两名的交易日共计 110 个，排名居前三名的交易日共计 117 个，排名居前四名的交易日共计 125 个，排名居前五名的交易日共计 133 个；卖出量排名第一的有 77 个交易日，排名居前两名的交易日共计 94 个，排名居前三名的交易日共计 105 个，排名居前四名的交易日共计 115 个，排名居前五名的交易日共计 119 个。账户组买入"多伦股份"数量占该股市场买入量比例超过 10% 的有 65 个交易日，超过 20% 的有 22 个交易日，超过 30% 的有 11 个交易日，超过 40% 的有 5 个交易日，买入占比在 2015 年 1 月 12 日达到最高值，为 56.87%；账户组卖出"多伦股份"的数量占该股市场卖出量比例超过 10% 的有 50 个交易日，超过 20% 的有 18 个交易日，超过 30% 的有 7 个交易日，超过 40% 的有 3 个交易日，卖出占比在 2014 年 12 月 29 日达到最高值，为 53.46%。

在操纵期间，账户组持有"多伦股份"占该股总股本 10% 以上的

交易日为 60 个；占 5% 以上的交易日为 179 个；持股占比最高的日期为 2014 年 12 月 26 日，持有 47154962 股，占总股本的 13.85%。

（四）鲜言通过在自己控制的账户之间进行证券交易操纵"多伦股份"股价

在 2014 年 1 月 17 日至 2015 年 6 月 12 日期间的 316 个交易日中，鲜言有 88 个交易日在自己实际控制的账户组证券账户之间交易"多伦股份"，总量达到 84789478 股。鲜言在自己实际控制的账户组证券账户之间交易"多伦股份"的数量占市场成交量比例超过 5% 的有 30 个交易日；超过 10% 的有 16 个交易日；2015 年 1 月 12 日最高达到 40.27%。

中国证监会经过调查后确认：其一，鲜言具有相关信托计划的投资决策权，其利用账户组进行的证券交易符合操纵证券市场特征。信托计划设立、存续目的并不影响其交易行为的违法性。其二，2014 年 4 月 24 日、5 月 13 日香港多伦通过二级市场减持"多伦股份"，账户组同时申报买入，香港多伦与账户组之间两天合计成交 15595064 股，此种交易方式一方面构成 2014 年《中华人民共和国证券法》（以下简称《证券法》）第七十七条（现行 2019 年《证券法》第五十五条）第一款第三项规定的"在自己实际控制的账户之间进行证券交易，影响证券交易价格或者证券交易量"所述情形；另一方面亦表明鲜言具有隐蔽持股、为操纵行为创造条件的主观故意。其三，对于多伦股份更名事宜，在互联网金融题材大热期间，鲜言控制信息披露的节奏，同时发布误导性的公告。在 www.p2p.com 网站正在筹备、尚未开始运营的情况下，公告却称"有着可以使公司在互联网金融行业处于领先的竞争优势"。该表述过度夸大、渲染此网站给公司业务带来的影响，误导投资者。鲜言在明知网站尚未运营的情况下却利用上市公司发布误导性公告，具有明显的操纵意图。其四，在操纵期间，鲜言作为时任多伦公司实际控制人、董事长、董事会秘书，利用资金优势、持股优势、信息优势，连续买卖"多伦股份"，买入量排名第一的有 93 个交易日；排名居前两名的交易日共计 110 个；排名居前三名的交易日共计 117 个。随着账户组的逐步买入，其所持"多伦股份"比例逐步上升，有 179 个交易日持股比例在 5% 以上，并有 60 个交易日持股比例超过 10%。此外，鲜言频繁、大量在自己控制的账户之间进行证券交易、虚假申报的行为明显不以成交为目的，具有操纵的主观意图。鲜言通过上述一系列行为，影响"多伦股份"价格和交易量，严重扰乱市场秩序，构成市场操纵。据此，中国证监会最终作出了罚没总计高达 34.7 亿元的处罚决定。

针对鲜言的操纵证券市场的行为，单纯的行政处罚并不是对其行为进行惩戒的终点，其行为的社会危害性已经满足刑法的介入条件。在历经一审、二审后，2020 年 12 月 21 日，上海市高级人民法院作出二审生效刑事判决，认定鲜言的行为构成操纵证券市场罪和背信损害上市公司利益罪，处以有期徒刑 3 年 4 个月，罚金 1000 万元并追缴违法所得。根据判决书的内容，法院认定鲜言的行为构成操纵证券市场罪的主要依据是多伦公司拟更名的相关事实。至此，鲜言锒铛入狱，但该案件在证券市场上掀起的风波还未停歇。2022 年 10 月，上海金融法院在审理 13 名原告投资者诉被告鲜言操纵证券市场的民事侵权案件中判定鲜言赔偿投资者损失 470 余万元。本案在历经行政处罚、刑事诉讼、民事诉讼后终于尘埃落定。本文暂不讨论行为人违反董事忠实义务、损害上市公司利益的行为，而是将目光聚焦于操纵证券市场的部分，探讨如何运用法律制度为中国证券市场的健全发展提供助力。

二、重利驱使下的操纵证券市场行为

关于上市公司通过虚假信息披露操纵市场的新闻在证券市场发展史中并不少见。能够震惊整个证券市场的大案就屡见不鲜，如"徐翔操纵市场案""宏达新材朱德洪案"等。在中国证监会官网中进行搜索，也能发现大量的虚假信息披露案件目前正在发生。这些案件都有着一种显著的特征：上市公司公开发出虚假消息，搅动整个投资市场，在股票价格飞速上升后受到中国证监会的关注与处罚，股票价格又快速下跌，从而卷走大量投资者的资金。虚假信息披露是操纵证券市场行为中多发的类型，这让我们有必要思考：为什么上市公司公布的虚假信息能够如此迅速地影响股票价格？

投资是为了获得未来更大的收益而进行的现期资源投入，根据未来预期而进行的资源配置。机构或者一般投资者都会将其拥有的资金交给其认为的最有成长潜力的公司。在经过一段时间的发展后，投资者可以分享公司发展的成果。总的来说，投资者与公司之间实际上是互利共赢的关系。优秀的公司能够获得资金支持，而投资者能够通过股市分享经济发展的红利。投资者在早期帮助公司获得充沛的资金，用以开拓市场，增长利润。等到公司的价值提升后，投资者再从公司取得丰厚的回报，如公司分配的股息、红利，等等。在这一过程中，优秀的企业被投资者不断地发掘出来，落伍的公司因为跟不上时代的步伐黯然离场。这一市场机制鼓励了良性的市场竞争，也推动了整个经济环境的发展。既然市场允许投资者自行选择其心中最有潜力的公司，就必须提供绝对公开透明的信息环境，允许投资者获知目标公司的真实发展战略、长期经营计划等，以帮助投资者作出最明智的投资决策。只有在一个公开、透明的市场中，公平的投资机会才能够为各个投资者所获得，上述市场机制才能够得以平稳运行。而市场中如果存在大量的虚假信息，投资者就会因为受到这些虚假信息的诱导从而作出受他人操纵的投资决定。一旦这些信息被证实是虚假的，股市就会在短时间内作出反应，投资者要么会损失大量金钱，要么会因为虚假信息低价抛售证券。

从理论的层面讲，可以引入"有效市场假定"来说明信息对股票价格的影响。有效市场假定（Efficient Markets Hypothesis，EMH）是由美国著名经济学家尤金·法玛（Eugene Fama）于1970年提出的观点，用以说明股票价格是如何在复杂的市场中形成的。该观点认为，任何一个时间点的证券市场价格都能够充分反映市场中所有可用的信息。根据市场反映信息的水平，有效市场假定又分为三种形式：弱有效市场、强有效市场和介于强弱之间的半强有效市场。弱有效市场是指证券的当前价格会反映全部的历史信息，而不包括当前的可用信息；强有效市场则认为证券的价格会反映所有的相关信息，甚至包括尚未公之于众的信息；而半强有效市场则认为证券价格会因为相关信息的披露而快速调整。强有效市场说在当前环境中并不被接受。这种理论受到的最大的挑战是通过内幕交易仍然可以获得超额的利润。内幕交易者可以利用其获知的且尚未被公开的信息攫取利润，这说明证券的市场价格并不能反映尚未被公开的信息。①

我们以现在的通说即半强有效市场假定作为基础进行讨论。依据该说，投资者需要尽可能多的市场信息。强制要求证券的发行者提供关于企业和证券的信息能够促进市场机制运行效率。因为这些信息一旦公开，将有助于使证券的价格与信息形成新的平衡。这一机制的一大优势在于一般投资者（散户）不需要对上市公司公布的复杂信息、报表进行分析，就能通过信息披露间接获益。这是因为，专业的分析工作由证券分析师与投资机构进行。其投资决策会直接影响股票价格的波动，进而帮助一般投资者更好地理解市场。

错误的信息与市场信息的不充足将会降低市场分配资源的效率。准确的信息能够确保资金将会提供给那些最有发展潜力的公司，帮助投资者作出最佳的投资决定。但在一个缺乏准确信息的市场中，投资者将难以区分那些优质的证券与较差的证券，进而市场"优胜劣汰"的机能将降低。那些最有潜力的公司可能不能筹集足额的资金，而那些缺乏前景的公司则会获得过多的关注。这不仅会降低投资者的预期收益率，还会使其承受更大的投资风险。这样的"问题"市场会逐渐摧毁投资者对市场的信任，最终拒绝继续投资。

---

① ［美］兹维·博迪、［美］亚历克斯·凯恩、［美］艾伦·J.马科斯：《投资学精要（第11版）》，张婷婷、钟俊红译，胡波校，北京：中国人民大学出版社，2021年，第216—246页。

综上所述，证券价格的形成过程在很大程度上依赖于投资者对市场上已经公开信息的分析和验证过程。一个健康、健全的市场需要建立公开、透明的信息环境，所有投资者需要无差别地、平等地获取市场信息，进而形成良性的资金循环。而虚假的信息披露也会被快速地反映在股价的波动中。如果上市公司有目的地选择信息进行公布或者进行虚假的信息披露，知情人就能够很有计划地控制股价的涨跌，这就为其通过其他证券操作套利创造了机会。因此，任何进行虚假信息披露的行为都会受到行政法乃至刑法的禁止与处罚，受到虚假信息披露影响的投资者还能通过民事诉讼寻求救济。虚假陈述会带来严厉的法律责任，这并不仅仅是因为行为人的不诚信行为，还因为这种有计划的操纵市场的行为会破坏证券市场价格机制的有效性，唯有从严打击才能够恢复市场的信心与活力。

三、证券行政违法与证券刑事违法的关系

如上所述，虚假信息的披露对于证券交易秩序有着非常严重的破坏作用，这种对证券市场有意识的操纵行为会破坏市场的正常运行机制。仅通过市场调节很难快速地实现对操纵证券市场行为的剔除，而拥有公权力的证券监督机关则有义务通过法律途径尽快揭露虚假信息，并防止这类操纵证券市场的行为冲击证券交易秩序。

从社会治理的角度来讲，法律作为调节社会关系的工具，应当承担起规制市场操纵行为、保护投资者权益的角色。因此，通过不同的途径，行政法、刑法、民法都对操纵证券市场的行为作出了规定，以期实现对证券市场投资者的全方位立体保护，其中前两者涉及公法领域，注重于对违法行为的惩处与预防；后者涉及私法领域，注重于对受害人的救济与赔偿。我国现行 2019 年《证券法》第五十五条规定了哪些行为应当被

视为操纵证券市场的行为。① 而通过与现行《中华人民共和国刑法》（以下简称《刑法》）第一百八十二条关于操纵证券、期货市场罪的规定② 进行比较，就能够发现二者对操纵证券市场的描述基本上别无二致。实际上，这是因为在《中华人民共和国刑法修正案（十一）》（以下简称《刑法修正案（十一）》）中对操纵证券市场罪的行为方式进行了扩充，以使《刑法》的规定与行政法的规定能够相互协调。

《刑法》中的犯罪可以被划分为自然犯与法定犯（行政犯）两种类型。前者是指那些违反伦理道德，即使没有前置法律规定也属于犯罪的行为，如故意杀人罪、强奸罪等；而后者是指同时具有行政与刑事的双重违法性的犯罪。这些犯罪不具有对伦理道德的违反性，只是由于法律规定才成为犯罪，③ 如非法经营罪、逃税罪等。就自然犯而言，其行为本身就显示了反社会性和对社会秩序的破坏，背离民众的传统伦理道德观念。而法定犯的设定是基于行政管理的考虑而将一些行政违法行为升格成犯罪进行处罚。法定犯作为与自然犯相对应的概念，产生于工业社会中行政权的高速扩张的过程中，而并不是与自然犯一样早已存在于人类的历史中。在现

---

① 现行 2019 年《证券法》第五十五条规定："禁止任何人以下列手段操纵证券市场，影响或者意图影响证券交易价格或者证券交易量：（一）单独或者通过合谋，集中资金优势、持股优势或者利用信息优势联合或者连续买卖；（二）与他人串通，以事先约定的时间、价格和方式相互进行证券交易；（三）在自己实际控制的账户之间进行证券交易；（四）不以成交为目的，频繁或者大量申报并撤销申报；（五）利用虚假或者不确定的重大信息，诱导投资者进行证券交易；（六）对证券、发行人公开作出评价、预测或者投资建议，并进行反向证券交易；（七）利用在其他相关市场的活动操纵证券市场；（八）操纵证券市场的其他手段。""操纵证券市场行为给投资者造成损失的，应当依法承担赔偿责任。"

② 现行《刑法》第一百八十二条第一款规定："有下列情形之一，操纵证券、期货市场，影响证券、期货交易价格或者证券、期货交易量，情节严重的，处五年以下有期徒刑或者拘役，并处或者单处罚金；情节特别严重的，处五年以上十年以下有期徒刑，并处罚金：（一）单独或者合谋，集中资金优势、持股或者持仓优势或者利用信息优势联合或者连续买卖的；（二）与他人串通，以事先约定的时间、价格和方式相互进行证券、期货交易的；（三）在自己实际控制的账户之间进行证券交易，或者以自己为交易对象，自买自卖期货合约的；（四）不以成交为目的，频繁或者大量申报买入、卖出证券、期货合约并撤销申报的；（五）利用虚假或者不确定的重大信息，诱导投资者进行证券、期货交易的；（六）对证券、证券发行人、期货交易标的公开作出评价、预测或者投资建议，同时进行反向证券交易或者相关期货交易的；（七）以其他方法操纵证券、期货市场的。"

③ 张明楷：《自然犯与法定犯一体化立法体例下的实质解释》，载《法商研究》2013 年第 4 期。

代社会的形成过程中，民众的社会生活日益复杂化、多元化，政府与国家不断承担起越来越多的社会管理职能。随着工商、海关、税务、环境等越来越多的公共管理领域受到行政法的规制，"以行政违法为内容的行政犯成为行政处罚的对象，在行政犯的基础上法定犯现象应运而生，并且在《刑法》中占据越来越重要的位置"①。在《刑法》条文的描述中，法定犯多会以"违反国家规定"（如非法经营罪）或直接指明行为应当违反国家某种具体的规定作为入罪的前提（如在滥伐林木罪中规定"违反森林法的规定"），以体现出该类犯罪以违反行政法规作为犯罪成立前置条件的特点。

自然犯和法定犯的划分滥觞于古罗马时期所谓的自体恶与禁止恶。自体恶是指那些犯罪人具有的与生俱来的恶的观念，而禁止恶则是由法律规定而产生的，不是天生就存在的恶。受到自然法观念的影响，自体恶与社会的伦理道德高度绑定；即使在不存在法律明文规定的情况下，自然犯也被视为一种反社会的行为。禁止恶则是基于法律的规定才得以产生，不具有天然的反伦理性，依附于后天的法律规定。换言之，自然犯对应于法律规定之前就存在于民众认识中的犯罪行为，禁止恶则对应于那些基于法律的规定才受处罚的犯罪行为。

自体恶就是故意杀人的行为，这种非法剥夺他人生命的行为在世界上所有的地区都是被明令禁止的，即使是在生命权被写入各国宪法之前，杀人基本上也被认为是专属于国家的特权，在中国也自古就有"杀人偿命"的古谚。古代中国长期执行盐铁专营的政策，贩卖私盐的行为会被从严惩处，甚至在政府收入紧张的年代，贩运私盐的人会被处以死刑。古代国家之所以会对盐业执行垄断政策，一方面是因为食盐能够提供维持人体机能必不可少的营养，垄断经营能够保证供应的长期稳定性，进而保证社会不会发生大动乱。另一方面也是因为食盐是民众生活中必不可少的日用品，垄断经营能够带来大额的财政收入。中国古代社会长期奉行重农抑商的政策，政府不能从商业活动中获得足够的收入，而盐铁

---

① 陈兴良：《法定犯的性质和界定》，载《中外法学》2020 年第 6 期。

专营制度能够为政府提供稳定的大额收入。正是基于上述原因，贩卖私盐在当时被规定为一种严重的犯罪行为，这种犯罪行为不是因为违反社会的伦理道德秩序或者侵犯了民众朴素的感情，而只是基于政策的考量而被规定为犯罪。

现代刑法理论中的法定犯与自然犯的概念是由德国学者提出的。18世纪的德国正在经历从警察国向法治国转变的过程，法令允许警察在不经过法院判决的情况下直接对犯罪人实施的微小犯罪行为行使刑罚权。德国刑法学者通过观察这一过程，发现了由警察规制的违法行为和由法院规制的犯罪行为存在的区别，由此促进了法定犯和自然犯概念的形成。在国家行政权力不断扩大的背景下，国家立法活动频繁，大量的行政法规被出台用于现代社会生活的治理，其中也包括行政处罚的相关规定，而这些行政处罚也逐渐被发展成为行政刑法的前身。

将视线拉回我国，根据《中华人民共和国宪法》（以下简称《宪法》）的规定，行政权是由政府行使的，而对犯罪的审判权则是人民法院的职能。因此，行政违法行为和犯罪行为是两种截然不同的概念。行政违法行为是行政机关根据行政法的规定所处罚的行为人违反行政法的行为。而犯罪则是根据《刑法》，通过人民法院审判的方式，使行为人负担刑事责任的行为。通过生活中常见的例子就可以探查行政违法与刑事违法的区分。吸毒、嫖娼行为是典型的行政违法行为，这类行为并没有被规定于《刑法》条文中，根据罪刑法定原则不能作为犯罪行为进行处理。但是，在治安管理处罚法中，吸毒和嫖娼则是被禁止的违法行为，应当被处以相应的行政处罚。另外，行政法规定的行政处罚针对的行为都是社会危害性较小的案件，而《刑法》则是针对社会危害性较大的犯罪行为。但二者都是违反现行法律规范的违法行为。操纵证券市场的行为就属于这类在行政法和《刑法》中受到双重规制的行为。鲜言操纵证券市场的违法行为符合《刑法》中操作市场罪的成立条件，因此不仅属于行政违法，还应当作为犯罪进行处罚。详言之，鲜言通过散布虚假信息操纵股价的行为同时违反了行政法和《刑法》的规定，鲜言受到的行政处罚是中国证监会根据2014年

《证券法》作出的决定，①而经过法院作出的刑事判决则使其承担了操纵证券市场的刑事责任。如果没有 2014 年《证券法》中对操纵证券行为的规定，刑法就不可能将这种行为作为犯罪处理。因此，在对鲜言的行为进行分析时，对相关前置法律规范的解读是必不可少的。

如上所述，鲜言操纵证券市场的行为具有行政法与《刑法》中的双重违法性。一般认为，这种双重违法性之间存在明确的位阶关系：行政违法性是刑事违法性的前提，刑事违法性是行政违法性延伸的结果。但是，存在行政违法性，不一定存在刑事违法性，而存在刑事违法性的法定犯则一定也存在行政违法性。操纵证券市场罪以违反相应的行政法规为前置条件。如果没有违反行政法规，那么就不存在对应的刑事犯罪。这种双重违法性体现了一条法律体系的重要原则——法秩序统一原理。法秩序的统一性是任何成熟法律体系的必然要求，其可以被解释为一个国家的所有法律部门都应当相互协调，在价值观念和基本精神上都必须协调一致。因此，针对同一事实的不同部门法律评价也应当实现内在逻辑的一致性，而不能相互冲突、相互矛盾，否则将会侵害整体法律体系的有效性。这种法律秩序的统一性也是为了发挥法律对公民行为的规范指引作用，以帮助民众可以预测自己行为的行为性质和结果，不致落入无所适从的窘境中，使公民的自由受到不当限制。为了遵循这一原则，行政法与《刑法》在违法性的判断上应当具有一致性：在行政法规中不被禁止的行为，在《刑法》上就不能作为犯罪处罚；如果一个行为在刑法上是不被允许的，那么行政法也不能对此作出正面的评价，否则就会产生行政法与《刑法》之间

①2014 年《证券法》第二百零三条规定："违反本法规定，操纵证券市场的，责令依法处理非法持有的证券，没收违法所得，并处以违法所得一倍以上五倍以下的罚款；没有违法所得或者违法所得不足三十万元的，处以三十万元以上三百万元以下的罚款。单位操纵证券市场的，还应当对直接负责的主管人员和其他直接责任人员给予警告，并处以十万元以上六十万元以下的罚款。"

上述规定在 2019 年《证券法》中被修订为第一百九十二条："违反本法第五十五条的规定，操纵证券市场的，责令依法处理其非法持有的证券，没收违法所得，并处以违法所得一倍以上十倍以下的罚款；没有违法所得或者违法所得不足一百万元的，处以一百万元以上一千万元以下的罚款。单位操纵证券市场的，还应当对直接负责的主管人员和其他直接责任人员给予警告，并处以五十万元以上五百万元以下的罚款。"由此，操纵证券市场行为的罚款金额得以大幅度提高。

的冲突。但正如前文所述，行政法与《刑法》的违法性存在位阶差异，前者对法律的违反程度较轻而后者较重。这也就是说，当行为人的行为成立行政违法时，并不必然表明其行为直接符合《刑法》的入罪要求。在操纵证券市场行为中，即使行为人已经被中国证监会下达了行政处罚决定书，也不意味着其行为就一定构成操纵证券市场罪。由此看来，所谓的法秩序统一原理更加强调的是合法性上的统一，而非违法性上的统一。这也可见于《刑法》和民法对于紧急避险行为的态度：一个侵害他人财产的行为可能因为现行《刑法》第二十一条第一款的规定而被认为不具有刑法上的违法性，但是，《中华人民共和国民法典》（以下简称《民法典》）第一百八十二条对紧急避险的规定允许在危险由自然原因引起的情况下向紧急避险人索取适当的补偿，紧急避险人可能因其行为被认为存在民事违法性而因此承担一定的侵权赔偿责任。

四、《刑法》与行政法视野下操纵市场行为的可罚性

根据中国证监会公布的行政处罚决定书，鲜言主要实施了四种市场操纵行为，分别是：（1）利用信息优势控制信息披露节奏及内容；（2）虚假申报操纵股价；（3）集中资金优势、持股优势连续买卖；（4）在自己控制的账户之间进行证券交易。理论上，操纵行为可以分为交易型操纵、信息型操纵以及其他滥用优势的操纵。本案中，就鲜言采用的四种操纵手法而言，（1）属于信息型操纵，而（2）（3）（4）则都属于交易型操纵。行为人实施的四种操纵行为出于相同的操纵证券市场的目的，在时间上既有重叠也有交叉，在作用上彼此叠加，"共同影响了股票的交易价格和交易量，彼此之间难以区分"，应当在本案中整体视为一个操纵证券市场行为下的四种手段，由此才能科学评价行为人对市场价格机制的破坏作用。由于操纵市场行为属于典型的法定犯，行政法和《刑法》对此违法行为的认定基本上一致。本文将对上述四种操纵行为分别进行分析。

（一）利用信息优势控制信息披露节奏及内容

利用信息优势控制信息披露是在互联网时代中对社会影响最大的一种市场操纵行为。近年来，在资本市场中引起广泛关注的市场操纵案件大都涉及这种操纵手段的运用问题。该手段的核心是控制向社会公布的信息披露，由此其能够对大量的一般投资者的交易决策产生直接影响，容易引起整个社会的轰动与投资热潮，具有较高的社会危害性。其是中国证监会重点管控的操纵行为。

实际上，行为人鲜言利用信息优势进行操纵主要体现于两个事实。第一个事实是多伦公司更名"匹凸匹"风波。2015 年，"互联网 +"的概念正值市场的风口，相关企业在证券市场中一路走强。行为人鲜言控制的多伦公司是一家主营业务为建筑材料批发的上市公司。2015 年 4 月，多伦公司向上海市工商局申请更名为"匹凸匹金融信息服务（上海）股份有限公司"，公司的主营业务也更改为"金融信息服务"，这与公司原经营范围相比发生了重大变化。根据 2014 年《证券法》的规定，公司经营行业的变更属于需要立即向投资者公告的重大事件。但是，直到 2015 年 5 月 11 日，行为人鲜言才将公司更名和主营业务更改的情况向社会进行公告。第二个事实是在"多伦股份"信息披露内容中误导投资者。在公司 5 月 11 日发布的《域名公告》中，"多伦股份"严重夸大了其获得的域名授权，并谎称公司已经进行了向金融行业的转型工作。这样的公告利用了公众对于"互联网 + 金融"模式的盲从与信赖，意图借助市场上的互联网风潮抬高公司的股价。在上述公告发布后，2015 年 5 月 11 日至 6 月 2 日，"多伦股份"股价连续 6 日涨停，涨幅为 77.37%；同期上证指数涨幅为 16.75%，中证互联网金融指数涨幅为 29.58%。[1] "多伦股份"的增长趋势明显高于大盘，公告有效地拉高股票的市场价格，造成投资者对公司股票价值的误判。

---

[1]《中国证监会行政处罚决定书（鲜言）》〔2017〕29 号，中国证券监督管理委员会网：http://www.csrc.gov.cn/csrc/c101928/c1042716/content.shtml，2024 年 10 月 22 日访问。

作为"多伦股份"的实际控制人，行为人鲜言拥有着相对于投资者的信息优势。《中国证券监督管理委员会证券市场操纵行为认定指引（试行）》（证监稽查字〔2007〕1号）第十九条规定："信息优势，是指行为人相对于市场上一般投资者对标的证券及其相关事项的重大信息具有获取或者了解更易、更早、更准确、更完整的优势。"这种对信息优势进行实质性描述的做法指出了信息优势的特征，但是也造成了信息优势所涵盖的范围过大，明显要宽于内幕信息的范围。单纯的具有信息优势不能成为处罚的依据，行为人还应当利用信息优势侵害一般投资者权益。

鲜言对于信息优势的利用主要体现在公告前利用控制的账户组连续多次交易"多伦股份"的股票。根据统计计算，鲜言在5月11日公告发布前，在短期大量买入"多伦股份"，在其中5个交易日连续净买入合计17889746股，交易金额202077118.46元，日均净买入约3577949股，明显高于当年其他时期的买入额，这体现出行为人利用信息优势进行市场操纵牟利的主观故意。[①]

鲜言之所以要提前买入"多伦股份"的大量股份，是因为其计划通过控制股价波动盈利。市场对于特定信息的反应是可以预期的，例如政策调整、环境变化等。投资者可以根据经验判断出市场的利好信息与利空信息，进而调整投资策略。在中国的股票市场中，投资者尚未建立起价值投资的概念，短线投资套利仍然受到部分投资者的追捧，某股票的价格短期上涨的预期会引诱更多的投资者增持该股票。在本案中，公司转型互联网金融属于重大利好消息，投资者在接收到此信息时会理所应当地认为"多伦股份"的价格会上涨。鲜言正是在这样的预期下在公告发布前大量买入公司证券，待公告发布股价飞涨后，再伺机卖出实现套利，还未待监管机关作出反应就快速离场。当然，鲜言也可以利用利空信息操纵市场实现套利。例如，在利空信息公告前大量卖出证券，等相关信息公之于众后再将证券以低价买回，等到中国证监会在调查后澄清

[①]《中国证监会行政处罚决定书（鲜言）》〔2017〕29号，中国证券监督管理委员会官网：http://www.csrc.gov.cn/csrc/c101928/c1042716/content.shtml，2024年10月22日访问。

相关事实，被抑制的股价也会回弹，操纵人以此获得股价变动的差额利润。在市场操纵行为中，行为人的获利是通过人为控制股价的波动所实现的，通过向市场释放编造的信息诱惑投资者进行相应的交易行为，尔后再从市场上套现卷走资金盈利。①

这种违法行为也被称为"抢帽子交易"。不仅仅是上市公司的实际控制人，任何证券市场的参与主体都存在利用信息操纵股价的可能性。例如，在股票市场上存在着一批所谓的"名嘴"，其利用投资者对其专业能力的信赖，公开对证券的潜力作出预测与评价，以此向投资者推荐证券。这样的行为也有可能在短时间内人为造成证券价格的上升，进而存在套利的空间。在《刑法修正案（十一）》中，"先行建仓、公开荐股、反向卖出"的牟利行为业已被认定为构成操纵证券市场罪，典型的案例如"朱炜明操纵证券市场案"等。

在刑事层面，鲜言的行为符合现行《刑法》第一百八十二条第一款第四项与最高人民法院、最高人民检察院《关于办理操纵证券、期货市场刑事案件适用法律若干问题的解释》（法释〔2019〕9号）第四条第三项的规定②，而且其市场操纵行为也属于该司法解释第一条第七项中规定

---

① 时延安：《操纵证券市场罪的适用边界——以证券法与刑法的关系为视角》，《人民检察》2022年第17期。

② 《最高人民法院、最高人民检察院关于办理操纵证券、期货市场刑事案件适用法律若干问题的解释》第四条规定：具有下列情形之一的，应当认定为刑法第一百八十二条第一款规定的"情节特别严重"：（一）持有或者实际控制证券的流通股份数量达到该证券的实际流通股份总量百分之十以上，实施刑法第一百八十二条第一款第一项操纵证券市场行为，连续十个交易日的累计成交量达到同期该证券总成交量百分之五十以上的；（二）实施刑法第一百八十二条第一款第二项、第三项操纵证券市场行为，连续十个交易日的累计成交量达到同期该证券总成交量百分之五十以上的；（三）实施本解释第一条第一项至第四项操纵证券市场行为，证券交易成交额在五千万元以上的；（四）实施刑法第一百八十二条第一款第一项及本解释第一条第六项操纵期货市场行为，实际控制的账户合并持仓连续十个交易日的最高值超过期货交易所限仓标准的五倍，累计成交量达到同期该期货合约总成交量百分之五十以上，且期货交易占用保证金数额在二千五百万元以上的；（五）实施刑法第一百八十二条第一款第二项、第三项及本解释第一条第一项、第二项操纵期货市场行为，实际控制的账户连续十个交易日的累计成交量达到同期该期货合约总成交量百分之五十以上，且期货交易占用保证金数额在二千五百万元以上的；（六）实施操纵证券、期货市场行为，违法所得数额在一千万元以上的。实施操纵证券、期货市场行为，违法所得数额在五百万元以上，并具有本解释第三条规定的七种情形之一的，应当认定为"情节特别严重"。

的"以其他方法操纵证券、期货市场"行为。法院最终判定被告人鲜言犯操纵证券市场罪，判处有期徒刑四年，并处罚金人民币一千万元。

"抢帽子交易"很容易与内幕交易行为和虚假陈述行为相混淆，因为从行为模式上看，这几种违法行为都会造成证券市场价格的不正常波动。下文将分别对这两种不同的行为进行讨论。

1. 内幕交易与操纵证券市场的关系

内幕信息的行为主体窄于操纵证券市场行为，能够成立前者的人只包括证券交易内幕信息的知情人和非法获取内幕信息的人，而对于后者则不存在主体上的限制。在2019年《证券法》中，内幕信息是指"证券交易活动中，涉及发行人的经营、财务或者对该发行人证券的市场价格有重大影响的尚未公开的信息"。内幕信息具有三个特征：（1）内部性：该信息产生于发行人内部或者行业内部；（2）重大性：该信息会对证券的市场价格有重大影响；（3）未公开性：该信息尚未被社会公众所知晓，且该信息按照法律规定应当在规定时间内公开。在确定相关交易是否属于内幕信息交易时，内幕信息敏感期的概念至关重要。内幕信息的敏感期始于内幕信息的形成时，终于内幕信息被公开时。[1] 只有在内幕信息敏感期内利用内幕信息进行的交易才能被认定为属于内幕交易。

从法律规定的形式上来看，鲜言的行为也符合内幕信息交易的要求。首先，鲜言是"多伦股份"的实际控制人、董事长，由此其当然对"多伦股份"的内幕信息具有知情权，属于《证券法》上规定的内幕信息知情人。其次，从信息的性质上来看，相关公司更名、改变主营业务的决定也是由鲜言作出的，该信息来源于公司内部。信息本身也属于《证券法》规定的应当进行公示的"重大事件"，因而属于"内幕信息"的范畴。最后，鲜言买入多伦证券的事实也发生于内幕信息产生后，尚未公告前，处于内幕信息敏感期内。从行为方式上来看，鲜言通过提前对内幕信息的掌控，获知公司股价很可能在该信息公布后上涨，因此在公告

---

[1] 张明楷：《刑法学（第6版）》，北京：法律出版社，2021年，第1010页。

前行为人低价买入"多伦股份"的股票，等到内幕信息公告后再卖出，以此通过内幕信息赚取价差牟利。

然而，在鲜言案中，中国证监会和上海市高级人民法院均仅认定行为人鲜言成立市场操纵行为，而没有认定构成内幕交易。从行为人鲜言的行为模式进行分析，能够发现其牟利行为和一般的内幕交易有所不同。

在通常的内幕交易中，内幕信息都属于从内部生成的正常信息，这些信息本身是真实的、可溯源的，这些信息的管理、公布都受到法律的控制。例如，在最高人民法院于 2018 年发布的依法惩处证券、期货犯罪典型案例之五：顾立安内幕交易案 [①] 中，被告人进行内幕交易所依据的内幕信息是"上海钢联（目标股票）拟收购慧聪网优质资产"，该信息是真实的且未受到他人操纵的。被告人在非法获知相关收购正在进行的情况下，预测到公司股价将会上涨，提前购入大量股份牟利。但是，在鲜言案中，鲜言对信息本身就存在很强的操纵行为。

首先，有关公司更名与转型的决策只是鲜言用于操纵市场的工具，多伦公司并不存在改变公司主营业务的真实计划。根据中国证监会的调查，公司并未开展除更名外的任何措施，对经营业务的变更也没有任何计划，由此看来公司发布相关公告仅是为了引起投资者的注意，误导投资者对公司股票价值的判断。鲜言明知公司发布的转型公告缺乏事实的支撑，却仍然进行了公告。与常见的内幕信息相比，本案中的信息是行为人鲜言自行伪造的结果，伪造该信息的唯一目的就是操纵市场股价变动，这是行为人主观上操纵市场目的的体现。其次，鲜言对该信息的公布并未遵守 2014 年《证券法》的规定，其还通过控制信息公布的时间点来操纵买卖股票并予以牟利。根据 2014 年《证券法》第六十七条第二款第一项，本案所涉及的信息当属需要立即公告的重大事件，据此相关信息应当在产生之后就尽快公布。然而，鲜言作为可以控制信息公告时间的管理人员，直至 2015 年 5 月 7 日才将该事项提交公司董事会审议，于

---

① 《上海市第二中级人民法院刑事判决书》（2018）沪 02 刑初 28 号。

2015 年 5 月 11 日才对外公告，这人为地拉长了内幕信息敏感期，以此为操纵市场牟利争取更多的时间。[①] 在典型的内幕交易中，行为人通常只是对内幕信息本身进行利用。但在本案中，行为人鲜言用于牟取非法利润的手段并不仅仅如此，而是侵入证券信息的公告机制和发布内容中，干扰投资者对信息的处理流程与反应方式，通过人为地扭曲信息流动机制牟利。

在行政法领域中，根据 2019 年《证券法》规定，内幕交易行为和操纵证券市场行为的罚款数额基本上是一致的，均为违法所得一倍以上十倍以下的罚款。鲜言的行为之所以被认定构成市场操纵行为而不是内幕交易行为，是因为其对内幕信息的利用是为了实现市场操纵的目的，其行为在本质上仍然属于市场操纵。换言之，鲜言的牟利方式是人为地炮制可以影响市场的信息，再控制该信息公之于众的程序以引诱投资者买入 "多伦股份" 的股票。尽管被制造的虚假信息也符合内幕信息的定义，但该信息仅是行为人操纵市场的工具，鲜言对此信息的利用已经超出了信息内容本身，而是体现在信息对市场的反作用上。行为人对内幕信息的利用和对市场的操纵属于部分和整体的关系，内幕信息是服务于鲜言操纵市场的最终目的。将本案最终认定为市场操纵行为，更好地评价了鲜言行为的总体特征，对整个资本市场起到更好的警示与教育作用。况且，鲜言并不仅仅实施了改名公告这一个行为，而是实施了一系列的市场操纵行为，从行为一体性的角度上来看也没有必要再引入内幕交易的判断。

在《刑法》领域中，对被告人鲜言罪名的认定涉及竞合理论的运用问题。内幕交易罪和操纵证券市场罪都属于典型的法定犯罪，在犯罪成立的判断上都需要借助于前置法的规定。当行为人的一个行为同时符合多个犯罪的构成要件时，即可能认定数罪之间发生了想象竞合。对此，只能以其中较重的犯罪进行处罚。典型的例子是行为人进行一次射击，

---

① 《中国证监会行政处罚决定书（鲜言）》〔2017〕29 号，中国证券监督管理委员会网：http://www.csrc.gov.cn/csrc/c101928/c1042716/content.shtml，2024 年 10 月 22 日访问。

同时造成一人死亡、一人重伤的结果。行为人的行为构成故意杀人罪与故意伤害罪的想象竞合，对其应当以其中处罚较重的犯罪作为一罪处理。想象竞合的机制能够有效处理当行为人的行为同时符合数罪标准时的定罪难题，避免对违法行为的重复评价。通过明示行为人所触犯的所有犯罪，对行为人的行为做到充分、全面的评价，使社会公众能够在判决中充分了解犯罪行为的危害性，从而实现一般预防和特殊预防的统一。在本案中，被告人鲜言通过利用内幕交易的方式进行市场操纵，内幕交易罪和操纵市场罪的竞合发生于被告人的行为中。同时内幕交易罪和操纵证券市场罪在《刑法》保护的法益并不相同，前者在于保护内幕信息的规范使用，后者则在于对证券市场价格机制的保护。在判决书中，人民法院并未解释为何被告人鲜言的行为仅成立操纵证券市场罪而不成立内幕交易罪，如果法院能在判决书中阐明其对内幕信息保密机制的破坏作用，就更能说明被告人整体行为对证券市场所产生的危害性，同时震慑操纵市场以及内幕交易两种证券违法行为，对培养社会公众对法律的敬畏意识有所裨益。

2. 虚假陈述与操纵证券市场的关系

虚假陈述行为在《证券法》与《刑法》中也被单独规定为违法行为。在行为人的信息型市场操纵行为是通过释放虚假信息来实现的情况下，二者之间也存在竞合的可能性。

与内幕交易对行为主体的限制类似，行政法中的虚假陈述行为的主体范围则更为狭窄，只有发行人、上市公司及其他法律规定的信息披露义务人才是适格主体。由此，如果编造并传播虚假信息的当事人没有负有信息披露的义务，当然不可能成立此罪，但却有可能成立操纵证券市场罪。虚假陈述行为的成立也要求行为人具有故意，即只能对明知披露的信息是虚假的当事人追究责任。如行为人误以为相关信息是真实的而予以披露的，则不成立虚假陈述行为。在本案中，鲜言是多伦公司的董事会主席，属于法定的信息披露义务人。然而，其在明知披露信息是虚假的情况下，仍进行了公告行为。该行为在属于操纵市场行为的同时也符合虚假陈述行为的规定。

然而，与内幕信息的情况类似，本案中的虚假陈述行为和操纵证券市场行为也属于部分和整体的关系，虚假陈述行为也是为了实现行为人操纵市场的目的而进行的，前者属于从行为，后者属于主行为，通过对行为人操纵市场行为的处罚就能够实现对虚假披露行为的处理，二者存在很强的连带性。当能够证明行为人存在操纵市场的目的时，就没有必要对虚假陈述行为再进行单独处罚。行为人鲜言的违法行为也主要体现在对市场价格机制的操纵上，而不是在于破坏信息披露制度。在行政处罚决定书中，中国证监会对行为人信息披露违法行为的处罚，也是基于其并未按规定报告持股比例的变动而作出的，而与前述的虚假信息披露无关联，这说明中国证监会的处罚也考虑到了操纵行为对违规信息披露行为的吸收问题。

在刑法理论中，也存在编造并传播证券交易虚假信息罪与操纵证券市场罪的区分问题。值得一提的是，虚假陈述行为和操纵市场行为之间具有手段行为和目的行为的牵连关系。典型的牵连犯的案例，如通过伪造国家机关的文件进行诈骗的行为，伪造行为和诈骗行为具有生活中常见的、类型性的手段与目的的关系，由此可以评价为一罪予以处断。这样的规则源于在《刑法》条文的订立过程中就已经对两个行为天然的关联性进行了考量，在刑罚的设置上一般也会预先考虑两种行为的存在，一般通过对重罪的处罚就能够实现对轻罪危害性的评价。现行《刑法》第一百八十二条第一款第五项规定，"利用虚假或者不确定的重大信息，诱导投资者进行证券、期货交易的"，构成操纵证券市场罪。这说明在立法的过程中就已经考虑到了这类利用虚假陈述行为操纵市场的状况。将被告人鲜言的行为以操纵证券市场罪进行处罚，就已经能够充分评价其不法性，而无须再重复评价其中的编造信息的行为。只有在行为人编造并传播虚假证券交易信息时不存在操纵市场的意图时，才有成立编造并传播证券交易虚假信息罪的余地。

（二）虚假申报操纵股价

在《证券法》中，虚假申报是指不以成交为目的频繁申报和撤销申报或者大额申报、撤单，影响证券的正常价格或者交易量，误导市场投资者对股票价格和供求关系的判断，诱导投资者进行买入或卖出，并进行与申报相反的交易或者谋取相关利益的行为。

那么，虚假申报为何会造成投资者对证券价格的误判呢？其中的核心原因在于股票交易公开制度与投资者在作出投资决策时的盲目跟单心理。依据前文介绍的有效市场假定理论，市场上的信息会被快速地反映在股票价格的波动中。当虚假申报行为人进行大额或者频繁的申报时，会向股票市场发送这样一个信息：该股票被大量或者很有实力的投资者所买入。在这样的信息的影响下，一般投资者对该股票的供求关系和内含价值会产生误判，以为此股票具有较高的市场价值，进而选择买入该股票。再者，中国股市尚未走向成熟，市场参与者不理性、不专业的投资行为依然较为常见。在看到某只股票在短时间内存在大量或者大额的交易时，投资者会盲目相信他人的判断选择，进行跟单。因此，当行为人不以成交为目的进行大量的申报、撤销时，市场的供需关系在短时间内会发生较大的变化，投资者会误以为该股票的价格在过去的一段时间内存在低估，从而促使他们选择买入该股票，再伺机通过其他行为获利。

由于虚假申报在操作上较为简单，行为人无须通过较为复杂的手段就能够造成极为恶劣的市场影响，近些年来此类违法行为较为多发，也成为中国证监会重点打击的对象。在对鲜言的行政处罚决定书中，中国证监会通过一系列证据说明其大量申单、撤单的行为不具有合理的目的，而该行为的唯一效果就是创造市场上此证券深受追捧的假象，从而引起股价的不自然的上涨，为之后赚取股票买卖价差牟利做准备。这类虚假交易行为在全世界范围内也较为常见，如造成2010年美股"闪电崩盘"事件的就是虚假交易行为。在该案中，交易员采用了"幌骗"（Spoofing）的手段，在短时间内大量购入申报单，诱导市场的其他参与者跟单投资后，再撤销相关的交易并通过相反的交易牟利，最终造成道琼斯工业指数暴跌，近一万亿美元在市场中瞬间蒸发。

尽管法院在作出刑事判决时并未考虑鲜言虚假申报行为的影响，但根据最高人民检察院、公安部发布的《关于公安机关管辖的刑事案件立案追诉标准的规定（二）》（2010年版）第三十九条第五款的有关规定，"单独或者合谋，当日连续申报买入或者卖出同一证券并在成交前撤回申报，撤回申报量占当日该种证券总申报量百分之五十以上"，就应当立案追诉。在鲜言案中，其在2015年5月12日撤单数量占申买数量的51.23%，这已经超过了司法解释中规定的数额，也属于应当追究刑事责任的操纵证券市场行为。

（三）集中资金优势、持股优势连续买卖

集中资金优势、持股优势连续买卖，是指行为人利用自己在资金或者持股上的优势地位，连续多次进行证券交易，人为制造行情，以诱导投资人入场投资的行为。资金优势，是指行为人可以使用的资金总量与市场上投入该证券的一般投资者相比有明显的优势。持股优势，则是指行为人在持股比例上相较于一般投资者而言具有数量上的优势。单纯的具有资金优势或者持股优势并不会成为违法行为。只有当行为人有意利用自己在资金或者股权上的优势进行不正常的交易行为时，这种行为才具有被认定为操纵市场行为的可能性。

在此，一个需要注意的问题是，大量连续交易或者大额交易本身是被法律所允许的投资行为。当投资者认为一个公司发行的证券价格被市场低估时，当然有权利以自己计划的方式开展投资。在这类市场操纵行为中，更重要的因素是行为人主观上影响证券市场波动的目的。如果行为人在短期内同时进行大量的买入和卖出交易，且这些交易缺乏实质的目的时，其交易的主观意图就值得怀疑。在本案中，中国证监会对行为人有利用集中资金优势、持股优势连续买卖的说明并不充分。处罚决定书中引证的证据大都是证明行为人拥有资金和持股的优势，而并未说明

行为人是否存在滥用这些优势的交易行为。实际上，因为鲜言对市场的操纵时间较长（2014 年 1 月 17 日至 2015 年 6 月 12 日），其通过连续交易操纵市场的行为相应地具有较高的隐蔽性，对股票价格的影响也并不直接、明确，单独通过其多次连续交易的事实很难得出行为人进行市场操纵的结论。但是，在本案中，行为人同时采用了四种市场操纵行为，其中的三种行为充分体现了行为人操纵市场的目的，这可以用来辅助证明行为人此行为的违法性。换言之，通过结合其他违法行为的内容，能够反映出行为人连续多次交易也属于其操纵市场行为的组成部分。

根据最高人民检察院、公安部《关于公安机关管辖的刑事案件立案追诉标准的规定（二）》（2010 年版）第三十九条第一款的规定，"单独或者合谋，持有或者实际控制证券的流通股份数达到该证券的实际流通股份总量百分之三十以上，且在该证券连续二十个交易日内联合或者连续买卖股份数累计达到该证券同期总成交量百分之三十以上的"，连续交易行为属于构成操纵证券市场罪的行为。但在本案中，鲜言持股比例最高时仅占总股本 13.85%，这尚未达到刑法追诉的标准。

（四）在自己控制的账户之间进行证券交易

在自己控制的账户之间进行证券交易，是指在自己控制的几个账户之间进行大额证券交易，误导市场对于该证券价值的判断，影响证券的市场交易价格。在个人控制的账户之间进行交易虽然不会导致证券的所有权发生改变，却会对交易市场产生误导作用，使消费者错误地判断该证券拥有较好的市场交易行情，从而选择买入该证券。

鲜言的自我交易行为尽管属于《证券法》上规定的自我交易行为，但尚未达到成立犯罪对交易量的要求。根据最高人民检察院、公安部《关于公安机关管辖的刑事案件立案追诉标准的规定（二）》（2010 年版）第三十九条第四款的规定，"在自己实际控制的账户之间进行证券交易且在该证券连续二十个交易日内成交量累计达到该证券同期总成交量百分之二十以上的"，才属于应当立案追诉的自我交易行为。但鲜言在自己实际控制的账户组之间交易"多伦股份"的数量占市场成交量比例超过10%的仅有16个交易日，这尚未达到成立犯罪对交易量的要求。[1]

在近年股票市场的现状下，对本案的刑事判决研究能够帮助我们更好地利用刑法打击人为操纵股价波动的违法犯罪行为，进而保证股票市场中信息的真实性。值得注意的是，尽管对本案刑事部分的审理工作于2020年就已经告一段落，但这并不代表对本案刑事判决的回顾是没有意义的，诚然本案被选为中国证监会披露的10起投资者保护典型案例之一是因为刑事判决之后开展的民事赔偿诉讼的缘故，但先行的刑事诉讼为本案的事实认定与赔偿顺序等问题都产生了深入的影响，要想真正地理解我国法律体系对操纵证券市场行为的规制机制，对刑事判决部分的研究是不可或缺的，这对帮助我们理解刑法、行政法、民法之间在此问题上的互动机制有所裨益。

五、虚假陈述民事赔偿与民事赔偿优先原则的实践

在历经行政处罚、刑事判决后，鲜言又一次作为民事诉讼的被告站到了法庭上。经过上海金融法院的审理，法院最终支持了曹某兵等13名投资者的诉求，判令鲜言赔偿这些投资者基于操纵市场行为遭受的损失。[2]该判决的主要依据是《最高人民法院关于审理证券市场虚假陈述侵权民事赔偿案件的若干规定》（法释〔2022〕2号）（以下简称《规定》）。该《规定》规制的虚假陈述是指信息披露义务人违反证券法律规定，在证券发行或者交易过程中，对重大事件作出违背事实真相的虚假记载、误导性陈述，或者在披露信息时发生重大遗漏、不正当披露信息的行为。由于在民事诉讼开始时，已经存在中国证监会的行政处罚决定和法院的

---

[1]《中国证监会行政处罚决定书（鲜言）》〔2017〕29号，中国证券监督管理委员会网: http://www.csrc.gov.cn/csrc/c101928/c1042716/content.shtml，2024年10月22日访问。

[2]《上海金融法院民事判决书》（2021）沪74民初2599号。

刑事判决，被告鲜言的市场操纵行为已经被认定，民事的主要争议焦点就转移到如何计算被告行为给投资者造成的损失上。

（一）虚假陈述诉讼因果关系的确定

第一个需要解决的问题是因果关系问题。在民事层面，欺诈的成立要求行为人的欺诈行为与受欺诈人的表意错误之间存在因果关系。民事责任人仅对与其欺诈行为有因果关系的损失结果承担侵权责任。在证券法领域中，虚假陈述的欺诈行为不仅仅应当与投资者的证券交易决策具有因果关系，而且还应当与投资者的损失具有因果关系。

依据操纵证券行为影响股票波动的方向，可以将其分为利空型操纵行为、利多型操纵行为与复合型操纵行为。利空是指能够导致证券价值下跌的信息，投资者在遇到持有的证券发生利空时会倾向于减持证券，典型的利空信息如央行加息、突发重大自然灾害等。利多是与利空相对的概念，是指能够造成证券价值上行的信息，投资者会更倾向于持有或买入相关证券，典型的利多信息如重大技术突破、降税政策等。因此，利空型操纵行为和利多型操纵行为就是发布相应的不实信息，期望股票价格发生相应的波动。复合型操纵，是指行为人发布的信息既包括利多型信息，也包括利空型信息。被告人鲜言发布的"公司转型公告"就属于典型的利多型信息，在公告发布时正值互联网金融的高速发展期，P2P产业具有极强的发展潜力，由此能够诱导投资者买入公司股票。在"公司转型公告"发布之后，公司股票的涨幅也明显高于上证指数的涨幅。[①]被告鲜言的牟利方式也是提前买入公司股票，在股价飙升之后再卖出，这反映出很明显的利用利多型信息操纵市场的意图。

在认定被告鲜言的行为和投资者买入公司股票的事实之间是否具有因果关系时，法院采纳了欺诈市场理论和推定信赖原则来减轻原告的证明责任。欺诈市场理论是美国法院在1970年开始，在证券虚假陈述案件

---

① 《中国证监会行政处罚决定书（鲜言）》〔2017〕29 号，中国证券监督管理委员会网：http://www.csrc.gov.cn/csrc/c101928/c1042716/content.shtml，2024 年 10 月 22 日访问。

中逐步确立的原则。该理论认为，在市场上公开进行虚假陈述的行为会造成对整个市场的欺诈，只要投资者在虚假陈述期间对对应的证券进行了交易，那么，不论其是否知悉该虚假陈述，都可以认定投资者的交易行为和虚假陈述人的欺诈行为之间具有因果关系。市场欺诈理论的基础就是前述的有效市场假说理论，即市场上所有的可获取的信息都会被反映在证券的市场价格中，虚假陈述的信息当然也被直接包括在证券价格的变动中。而证券的市场价格又是促使行为人作出投资决定时最重要的因素之一。因此，在操纵期间，该证券的全部投资者几乎都会无例外地受到虚假陈述的影响。正如对鲜言的"民事判决书"所指出的："证券市场以价格发现为重要功能，证券价格的真实性和准确性取决于各影响因素的真实性。在公开交易的证券市场中，影响股票价格的因素不仅包括上市公司披露的信息，也包括供求关系、成交量、以往价格走势等。"这就是说，既然虚假陈述信息都已经被体现在证券的市场价格上，而股票的市场价格是任何投资者都一定会参考的因素，即使投资者在进行操作时并不知道相关的虚假陈述，但只要在投资时对证券的市场价格进行过评估，就不能否认虚假陈述对投资者进行相关决策的影响。原告因此无须证明其买入或卖出证券的行为是因为受到虚假陈述的影响，而只需要证明其对市场交易价格真实性的信赖即可。此举有力地降低了虚假陈述诉讼中原告的证明责任。

欺诈市场理论改变了虚假陈述案件中证明义务的分配，通过实施举证责任倒置来保护投资者。实际上，在虚假陈述民事诉讼中，原告要承担的证明责任是相对较低的，只要投资者能够证明被告进行了虚假信息陈述，且在虚假陈述实施日之后、揭露日之前对受虚假陈述直接影响的证券进行了相对应的交易，就一般能够推定投资者的损失与虚假陈述之间具有因果关系，这也被称为推定信赖原则。与此同时，在举证责任倒置的规则下，被告也被允许对虚假陈述与投资损失之间的因果关系进行反证，即说明原告的证券买入或卖出行为与虚假陈述之间没有因果关系来减轻赔偿责任①，如被告可以证明原告的投资行为系明知或应知欺诈行为而依然进行交易。在本案中，鲜言的欺诈行为和原告的损失之间存在的因果关系也是通过推定的方式进行判断的。这样的制度设计便利了一般投资者在遭到虚假陈述时寻求救济，扩大了虚假陈述者潜在的赔偿范围，体现了国家对证券市场操纵行为严厉打击的态度，平衡了虚假陈述诉讼中原告和被告的信息不对称地位。

因果关系的二重性要求证明陈述人的欺诈行为与投资人的损失也存在着因果关系，这层因果关系主要涉及被告需要赔偿的损失金额。这是因为，证券的市场价格受到多种不同因素的影响，例如大盘的走势、行业等。这些风险因素本身就属于证券投资者应当承担的风险。即使被告不进行证券操纵行为，证券的价格也会发生波动。因此，在有些情况下，行为人遭受的损失很有可能是基于被告的市场操纵行为以及其他独立因素共同作用的结果，投资者遭受的投资损失并不都是虚假陈述人的欺诈行为所造成的，其中的部分损失应当归因于其他风险的实现。投资者在证券被操纵期间的净损失并不能全部归因于行为人的操纵行为。恰恰相反，司法机关应当准确计算操纵行为对证券价格的影响，以此剔除那些不能归因于操纵行为的投资损失。上海金融法院在认定确定损失的因果关系时提出"须合理剥离与操纵行为无关之因素对股价的影响"，由此核定应当赔偿的投资者的损失。而且，在本案中，被告人鲜言同时实施了多种市场操纵行为，每种行为既有重叠也有分离；如何将投资人的损失科学地归责于每种操纵行为，也应当借助于专业机关的核定工作。对此，上海交通大学中国金融研究院出具的《损失核定意见书》中采用了"净损差额法"与"价格同步对比法"计算案涉投资者的投资损失，从而科

①《最高人民法院关于审理证券市场虚假陈述侵权民事赔偿案件的若干规定》第十二条规定："被告能够证明下列情形之一的，人民法院应当认定交易因果关系不成立：（一）原告的交易行为发生在虚假陈述实施前，或者是在揭露或更正之后；（二）原告在交易时知道或者应当知道存在虚假陈述，或者虚假陈述已经被证券市场广泛知悉；（三）原告的交易行为是受到虚假陈述实施后发生的上市公司的收购、重大资产重组等其他重大事件的影响；（四）原告的交易行为构成内幕交易、操纵证券市场等证券违法行为的；（五）原告的交易行为与虚假陈述不具有交易因果关系的其他情形。"

学地利用金融理论计算出被告操纵市场行为给投资者造成的损害。

（二）鲜言操纵证券市场行为的开始日、结束日

第二个需要解决的问题是如何确定被告鲜言操纵市场行为的应当承担责任的时间范围。根据《规定》，虚假陈述人应当对虚假陈述实施日直至揭露日或者更正日之间的证券交易承担赔偿责任。[①] 据此，如何确定这两个至关重要的日期，成为投资者是否能够获得赔偿和确定虚假陈述人赔偿额的决定性因素。

虚假陈述实施日，是指行为人首次作出虚假陈述之日。在该日作出虚假陈述的，可被社会投资者获知，并反映到股价中。实施日，是行为人虚假陈述行为的起点，自该日起对相关证券进行交易的投资者可以向虚假诉讼人请求赔偿。而赔偿的时间范围终点则是虚假陈述的揭露日或者更正日。前者是指该虚假信息被动的揭露的日期；后者是指行为人主动改正之前的虚假表述的日期。总之，在该日之后，社会公众就可以了解到信息披露人披露的信息是不真实或不完整的。虚假陈述被揭示的意义在于其对证券市场发出了警示信号，提醒投资者重新判断股票价值。

---

① 《最高人民法院关于审理证券市场虚假陈述侵权民事赔偿案件的若干规定》第七条规定："虚假陈述实施日，是指信息披露义务人作出虚假陈述或者发生虚假陈述之日。""信息披露义务人在证券交易场所的网站或者符合监管部门规定条件的媒体上公告发布具有虚假陈述内容的信息披露文件，以披露日为实施日；通过召开业绩说明会、接受新闻媒体采访等方式实施虚假陈述的，以该虚假陈述的内容在具有全国性影响的媒体上首次公布之日为实施日。信息披露文件或者相关报道内容在交易日收市后发布的，以其后的第一个交易日为实施日。""因未及时披露相关更正、确认信息构成误导性陈述，或者未及时披露重大事件或者重要事项等构成重大遗漏的，以应当披露相关信息期限届满后的第一个交易日为实施日。"

第八条规定："虚假陈述揭露日，是指虚假陈述在具有全国性影响的报刊、电台、电视台或监管部门网站、交易场所网站、主要门户网站、行业知名的自媒体等媒体上，首次被公开揭露并为证券市场知悉之日。""人民法院应当根据公开交易市场对相关信息的反应等证据，判断投资者是否知悉了虚假陈述。""除当事人有相反证据足以反驳外，下列日期应当认定为揭露日：（一）监管部门以涉嫌信息披露违法为由对信息披露义务人立案调查的信息公开之日；（二）证券交易场所等自律管理组织因虚假陈述对信息披露义务人等责任主体采取自律管理措施的信息公布之日。""信息披露义务人实施的虚假陈述呈连续状态的，以首次被公开揭露并为证券市场知悉之日为揭露日。信息披露义务人实施多个相互独立的虚假陈述的，人民法院应当分别认定其揭露日。"

第九条规定："虚假陈述更正日，是指信息披露义务人在证券交易场所网站或者符合监管部门规定条件的媒体上，自行更正虚假陈述之日。"

尽管在《规定》中将监管部门对信息披露义务人立案调查的信息公开之日以及信息披露义务人等责任主体采取自律管理措施信息公布之日推定为虚假陈述的揭露日，但当事人也被允许提出相反的证据以进行反证。在本案中，因为被告人鲜言已经受到中国证监会的处罚，法院延续了处罚决定书中的决定，认定操纵行为开始日为 2014 年 1 月 17 日，结束日为 2015 年 6 月 12 日。投资人在此期间对"多伦股份"的投资属于受到虚假陈述行为诱导的结果，是计算具体赔偿金额的基础。

（三）民事赔偿责任优先原则

上海金融法院细致地计算被告人鲜言操纵证券的行为给投资者造成的损失，最终判令被告鲜言赔偿给 13 名原告 470 余万元。在此之前，鲜言已经被中国证监会下达了罚没合计 34.7 亿元的处罚决定，上海市高级人民法院又判处其刑事罚金 1180 万元。至此，鲜言已经对其市场操纵行为承担了三种责任：行政责任、刑事责任、民事责任，而鲜言可供执行的财产已经不能足额支付全部的应付金额。因此，上海金融法院在本案中首次适用了 2019 年《证券法》确立的民事赔偿优先原则，对鲜言操纵证券市场刑事案件的罚没款作了相应保全，优先用于执行民事判决确定的赔偿责任。[1] 本案是该制度在中国首次得到运用的案件，最大程度上实现了对中小投资者的权利保护，因此中国证监会将本案选为"2023 年投资者保护典型案例"。本案中除了涉及行政罚款和民事赔偿的冲突，也涉及刑事罚金和民事赔偿的冲突，这牵扯到罚金执行的相关问题。根据最高人民法院发布的刑事裁判执行相关司法解释，对刑事罚金与没收财产的刑罚执行后于民事赔偿义务的履行。[2]

---

[1]2019 年《证券法》第二百二十条规定："违反本法规定，应当承担民事赔偿责任和缴纳罚款、罚金、违法所得，违法行为人的财产不足以支付的，优先用于承担民事赔偿责任。"

[2]2014 年《最高人民法院关于刑事裁判涉财产部分执行的若干规定》（法释〔2014〕13 号）第十三条规定："被执行人在执行中同时承担刑事责任、民事责任，其财产不足以支付的，按照下列顺序执行：（一）人身损害赔偿中的医疗费用；（二）退赔被害人的损失；（三）其他民事债务；（四）罚金；（五）没收财产。"

综上，《证券法》中对投资者的民事赔偿义务优先于行政法中的罚款与《刑法》中的罚金的缴纳。这种制度设计在最大程度上保证了投资者的权利，提振了我国资本市场信心。通过对操纵市场犯罪分子的立体多方位追责，完善了对资本市场投资者的救济机制。

然而，民事赔偿责任优先原则也存在可以被细化的问题。资本市场中的投资者可以区分为机构投资者和一般投资者，前者具有雄厚的资金和专业的投资能力，而后者一般仅为投资能力欠佳的个人。与机构投资者相比，一般投资者抵抗风险的能力较差并缺乏相应的识别虚假信息的专业能力，在选择投资证券时容易跟风，受到操纵市场行为的影响较大。这些个人投资者并不是专业的投资方，其参与证券市场的目的一般都以短期盈利为目的，更倾向于风险高、收益大的投资项目，缺乏对冲风险的意识。在遇到市场操纵行为时，一般投资者更有可能盲目信赖发行人公布的信息，进而选择买入证券。同时，专业投资者有着更多、更系统化的信息来源与证券信息分析能力，其能够通过专业化的分析尽快发现可能存在的市场操纵行为，进而规避风险。因此，相比于专业投资者，一般投资者有理由受到更加强有力的保护。当行为人的操纵行为同时造成一般投资者和机构投资者蒙受经济损失时，可以要求行为人先行赔偿一般投资者的损失，而将机构投资者获得赔偿的机会列后，以有助于一般投资者尽快从违法行为人处弥补损失。这种制度设计体现出对市场上弱势参与者的帮扶，维护了资本市场的稳定与信心，更清晰地勾勒出市场操纵行为人赔偿责任的先后顺序。

六、预测性信息披露与避风港原则

在中国资本市场建立 30 周年之际，修订后的《证券法》正式将证券发行制度全面由核准制改为注册制。在全面推行注册制的背景下，信息披露制度成为资本市场监督的关键，以打破发行人和投资者之间的信息不对称，通过公开来实现对投资者的保护。除了《证券法》规定的那些需要强制进行披露的信息外，《证券法》也鼓励信息披露人尽可能地进行自愿的信息披露，帮助投资者尽可能地掌握上市公司的发展状况。正如前文所述，如果发行人利用信息披露意图操纵证券市场，将会受到行政法乃至《刑法》的严厉惩处。然而，如此严格的法律责任在一定程度上也会打击信息披露人进行披露的动力。当相关信息处于可以披露也可以不披露的情况下，信息披露人很有可能基于"多一事不如少一事"的心理而选择拒绝进行自愿披露，以避免承担潜在的虚假陈述责任。这在一定程度上降低了证券信息的流通效率。信息披露人最不敢披露的信息就是"预测性信息"，这类信息先天就带有不确定性。一方面，预测性信息本身具有高度不确定性，更有可能被用于进行虚假陈述，而且在中国证券市场中投资者对于预测性信息有着一定的依赖心理。另一方面，预测性信息对投资者来说又是极为重要的，这些信息能够帮助投资者判断公司未来的发展方向，揭示公司的发展潜力，助力投资者作出明智的投资决定。这就要求信息披露制度的建立者对于预测性信息采取特殊的政策，在从严惩治利用预测性信息实施市场操纵行为的同时，鼓励上市公司进行相关披露。

2022 年 1 月 21 日，最高人民法院发布了《关于审理证券市场虚假陈述侵权民事赔偿案件的若干规定》（以下简称《规定》），其中全面规定了有关虚假陈述民事责任的处理办法。关于事实性陈述与预测性信息的区分，《规定》第六条规定："原告以信息披露文件中的盈利预测、发展规划等预测性信息与实际经营情况存在重大差异为由主张发行人实施虚假陈述的，人民法院不予支持，但有下列情形之一的除外：（一）信息披露文件未对影响该预测实现的重要因素进行充分风险提示的；（二）预测性信息所依据的基本假设、选用的会计政策等编制基础明显不合理的；（三）预测性信息所依据的前提发生重大变化时，未及时履行更正义务的。"这也就是关于所谓的"安全港"规则的规定。实际上，这种例外规则是法律对信息披露人的一种保护，免除了其在一般情况下的预测信息与现实不符情况下的民事赔偿责任，进而鼓励上市公司勇于披露自身的未来发展预测与计划。如果披露人在公告公司预测性信息时并不存在重大过失，受到该信息影响的投资者就不能获得赔偿。

而在本案中，鲜言和多伦公司无法通过该条款免除其负有的民事赔偿责任。行为人鲜言所发布的公司转型的公告缺乏相应的事实基础，公司业务重大转型的决定并未经过公司董事会或者股东大会的批准，且根据公司的经营现状，这类转型完全是不可能实现的。根据《规定》第六条第二款的规定，这类预测性信息属于预测的基本假设不成立的情形，被害人依然可以据此主张赔偿。由于行为人鲜言对于预测性信息的公布存在重大的过错，不能因此推脱对虚假陈述受害人的赔偿责任。由此可见，信息披露人对于预测性信息的责任并不是绝对免除的。恰恰相反，行为人依然应当对预测性信息的真实性承担一定的保证义务。根据《规定》中对"避风港原则"的限制，首先，行为人应当在预测性信息公布时充分说明预测性信息本身具有的不确定性以及影响预测性信息成立的主要障碍和其他风险，以帮助投资者衡量预测性信息的可信度。其次，投资者也需要保证预测性信息的形成过程是科学的、有依据的，信息披露人应当说明该信息是根据何种当前已经发生的事实而作出的，保证预测性信息本身是合理的、可接受的。最后，当预测性信息的事实基础发生较大的变化，信息披露人已经能够基本上确定之前公布的预测性信息不可能发生时，负有及时纠正相关信息的义务，帮助受到该预测性信息影响的投资者尽快调整投资策略。这三项义务划定了预测性信息披露人具有的法律责任。只有当行为人对预测性信息的不准确不具有重大过失时，才能援引此条款来免除民事赔偿责任。

就信息披露中的预测性信息错误是否可能涉及刑事处罚而言，关键在于行为人在进行预测性信息披露时是否存在操纵证券市场的故意。如果行为人仅仅因为战略上的失误，作出不正确的预测性信息披露进而造成市场股价的波动，该行为就不可能构成操纵证券市场罪，此时的行为人对于公布的虚假信息仅具有过失的心理态度。操纵证券市场罪属于故意犯罪。只有当行为人认识到自己的行为可能造成操纵证券市场的结果，且对该结果的发生抱着希望或者放任的态度，才可能成立本罪。如果行为人明知其披露的预测性信息是误导性的，还计划着利用该信息进行牟利，就可以得出行为人主观上具有操纵证券市场的故意。

在本案中，鲜言用以进行操纵市场的公告就属于预测性信息，其在2015年5月11日公开称公司将进行转型，"立志于做中国首家互联网金融上市公司"。[①] 然而，根据中国证监会的调查，多伦公司在对相关信息进行披露时并未经过董事会或股东大会的决议，相关业务的建设也从未启动，这说明了所谓的公司转型不存在相应的事实基础，只是行为人鲜言控制股价的谎言，明显具有诱导性。

（王奕琛）

---

① 《中国证监会行政处罚决定书（鲜言）》〔2017〕29号，中国证券监督管理委员会网：http://www.csrc.gov.cn/csrc/c101928/c1042716/content.shtml，2024年10月22日访问。

逃亡二十载，半生流离终落幕

——劳荣枝故意杀人、绑架、抢劫案

引　言

2019 年 11 月 28 日，一则逃犯落网的新闻引爆互联网，凭着一张微笑的照片加上铺天盖地的通稿，该逃犯引起了广大网友浓厚的兴趣。随着尘封二十载的一桩桩案件被扒出，抢劫、绑架、杀人，层出不穷的犯罪手段，让人们感叹"天使面孔"与"恶魔心肠"竟能集于一人之身。四座城市、六个家庭、七条生命、二十年逃亡，诸多词条刷屏网络平台，沉寂二十余年的案件又重新被人提起，众多受害者家属亦纷纷发声，四处回荡着"天理昭彰，报应不爽""天网恢恢，疏而不漏"的呐喊声。

她是酒吧女神"雪梨"，她是商场普通销售"洪某娇"，她还是被通缉二十余年的犯罪嫌疑人——劳荣枝。时间会慢慢抚平一切，劳荣枝——这个曾在江西省南昌市赫赫有名的名字，早已被世人遗忘。但随着社会公众对过往案件的了解逐渐深入，一桩桩令人震惊的往事浮出水面，与其相识的人均无法将这个知性、美丽的金牌销售与一个"恶魔"联系到一起。逃亡二十载，劳荣枝竟能藏身于大城市，靠着自己姣好的面容与伶俐的口齿，有着不错的收入，过着还算享受的生活。而受害人家属一方，却在这二十年内承担着无尽的精神折磨。这样的对比让公众愤怒，人人欲"诛之而后快"。而不出社会公众所料，在历经四年时间的司法程序后，劳荣枝难逃一死，持续二十余载的特大刑事案件落下了帷幕，一夜之间，杀人"恶魔"终伏法的词条便充满了网络空间。

劳荣枝虽死，但是对"劳荣枝案"的讨论并未随着其被执行死刑而停止，自劳荣枝被捕后，对于该案件的讨论便不绝于耳。随着"劳荣枝案"的裁判文书与辩护意见公之于众，诸多案件细节及疑点为人所知，关于"劳荣枝案"的讨论还在继续。

一、案情回顾

（一）堕落——从小学老师到坐台女

1974 年，劳荣枝出生于江西省九江市一个普通的石油工人家庭，因是家中最小的孩子，一开始父母为其起名为"劳末枝"。劳荣枝自小成绩优异，积极向上，中专毕业后，她成为九江石油化工公司子弟学校的一名小学语文教师，这是一份体面、稳定的工作，如果没有法子英的出现，在别人眼中温柔、知性的劳荣枝可能就会这样安定平稳地度过她的一生。但她与法子英的相识彻底改变了她的人生走向，同时也给社会和六个家庭带来了不可磨灭的恐怖记忆。

1993 年，时年十九岁的劳荣枝在朋友的婚礼上结识了法子英。彼时劳荣枝青春年少，气质和颜值均十分出众，又身为人师，受人尊敬。反观法子英，相貌平平，年长劳荣枝十岁，结过婚育有一女，混迹社会，还蹲过八年监狱，在黑道上"赫赫有名"。但就是这样在外人看来属于两个世界的人，居然能一见如故、相谈甚欢，面对劣迹斑斑的法子英，劳荣枝非但不厌恶，反而生出了仰慕之情，二人很快就确立了恋爱关系。在江湖上闯荡多年的法子英出手阔绰，让劳荣枝体验到了另外一种生活方式，两人在一起开销巨大，据说一个月的支出相当于一个工人家庭一年的收入。古谚有云："由俭入奢易，由奢入俭难。"当小学老师的工资已经无法满足劳荣枝的物质欲望，她的心已无法平静，她再也无法回到以前那种稳定平淡的生活。虽然二人的交往遭到了劳家人的强烈反对，但劳荣枝仍一意孤行，执意要与法子英在一起。1995 年，也就是两人交往两年后，法子英所在的帮派因为利益纠纷与敌对的帮派发生了冲突，法子英冲锋在前重伤了对方，为躲避警方追查，法子英决定出去避避风头。于是，法子英抛妻弃女，劳荣枝办理了停薪留职，二人一同前往深圳"闯荡"，"潘多拉的魔盒"就此打开。

二十世纪九十年代的深圳可谓"遍地是黄金"，两人本以为可以在深圳大展拳脚，做点生意赚些钱，可现实却是，两人非但没有"淘到金"，而且很快就花光了带来的积蓄。在这样的窘境下，曾为人师的劳荣枝不得不到舞厅当起了坐台女，而法子英则持刀抢劫了一万多元。1996年 5 月，两人返回江西省，落脚江西省省会南昌市。

（二）南昌案——三口之家惨遭灭门

在广东省深圳市时，当时 21 岁的劳荣枝显然已经完成了从小学老师到坐台女的"职业转型"。到了江西省南昌市，劳荣枝化名陈佳，开始在南昌市"爱乐音夜总会"坐台。当然，她的目的可不是单单赚取那点在酒吧工作的工资，而是通过工作之便，物色有钱对象，引诱其至出租屋，再同法子英一起实施抢劫、绑架。在客人的印象中，陈佳"比较风流、眼光较高，看到出手大方的人她会主动接近，很喜欢和有钱人一起玩"。很快，劳荣枝就锁定了她的目标——华东空调总会总老板熊启义。熊启义不仅做家电生意，还经营着一家酒店，家境殷实。法子英落网后曾经供述说，有一次，熊启义带劳荣枝吃宵夜，他偷偷跟过去，摸到了他家的地址。"家里装潢漂亮，像五星级宾馆。"

1996 年 7 月 28 日，熊家的至暗时刻来临。熊启义到底是为何走进劳、法二人的出租屋，我们已不得而知。劳荣枝前后作出了多个版本的供述：在一审中，劳荣枝说是熊启义要送自己一台空调，于是一同前往出租屋安装空调，并没有与法子英合谋绑架、杀害熊启义。这与她自己和法子英之前的供述均有出入。法子英曾供述说两人前往南昌市的目的"就是想搞点钱"。而劳荣枝在向公安机关的供述中称："由于身上没有钱了，就决定在南昌市找事赚点钱，于是，法子英就让我到夜场去坐台，就是找个'猴子'。'猴子'指作案对象，我把'猴子'约到租住房，假装做爱，再由法子英出来抓奸，趁机敲诈。"但不管预谋与否，熊启义最终是被劳荣枝带入了死亡之地。一进屋，熊启义就看见了等候多时的法子英，二人进行互殴，很快熊启义就被法子英制服。法子英从熊启义身上抢走金项链、金手链、劳力士手表等物，并向其勒索财物。在逼迫熊启义说出家庭住址后，法子英于当日下午用绳子和铁丝勒熊启义颈部致其窒息死亡，并将其分尸。

当晚 8 点左右，或许是嫌在熊启义身上抢劫的财物太少，或许是二人觉得一不做、二不休，不如再干一票大的，劳荣枝在出租屋内给同在酒吧相识的另一个有钱老板张某打电话，张某因同家人吃饭未接到电话，逃过一劫。

当天晚上 11 点左右，劳、法二人使用从熊启义身上搜到的钥匙进入熊启义家中，熊启义妻子与女儿在熟睡中惊醒。法子英将装有熊启义尸块的袋子扔到二人面前，恐吓其交出财物。之后，他将熊启义妻子捆绑并勒死，又因嫌弃"小孩太吵"将熊启义三岁的女儿勒死。劳荣枝在熊启义家翻到了一万多元现金与首饰后离开。其间，劳荣枝担心留下指纹，提议放一把火销毁证据，被法子英拒绝，但在后来的庭审中劳荣枝否认了放火的供词。

1996 年 7 月 29 日，江西省南昌市公安局对该起故意杀人、入室抢劫案件立案侦查，并于同年 8 月 18 日发布通缉令对该案的犯罪嫌疑人法子英与劳荣枝进行追逃。

（三）温州案——两名女性无辜殒命

南昌案后，法子英与劳荣枝再也没有回到过九江，他们先后逃往温州、黄岩、南京、广州、澳门、北京、杭州、合肥等地，在每个地方都没有停留超过一个月。最后在 1997 年 10 月，二人回到"相对安全"的温州市。

在温州市，劳荣枝到"浦发 KTV"上班，化名格格，自称来自四川，按照之前的犯罪模式，继续物色作案对象。与劳荣枝同在 KTV 上班的二十二岁女生梁晓春准备离开温州回老家发展，遂打算将房子转租给劳荣枝，二人在商谈住房转租事宜时，梁晓春告知劳荣枝自己有一块价值不菲的欧米茄手表。回去后，劳荣枝立马将此事告知法子英，二人心生歹念，预谋抢劫。

同年 10 月 10 日，法子英购买并携带一把尖刀与劳荣枝准备实施抢劫，二人以租房为由来到梁晓春住处。进入房间后，法子英手持尖刀威胁梁晓春，劳荣枝"就地取材"，用皮带、电线等物将梁晓春的手、脚捆绑，逼其交出财物，抢得欧米茄手表一块以及手机一部。可能是嫌抢得的财物不够多，二人十分不甘心，遂逼迫梁晓春打电话叫一个有钱女人来其住处供其抢劫。梁晓春便以身体不适为由，请"浦发 KTV"领班，外号叫莎莎的女子刘素清过来。其间，KTV 另一同事知晓梁晓春身体不适前来查看，劳荣枝为其开门，法子英持刀藏于房内，梁晓春见不是刘素清便打发其离开，该女子逃过一劫。之后刘素清到来，劳、法二人用同样手段将其捆绑，逼迫其交出财物，抢得手机一部，并逼迫其交出银行存折及密码。法子英在现场看守人质，劳荣枝则携抢来的存折与手机到银行取款。当银行柜员询问为何不是本人来取款时，劳荣枝淡定回答本人有事。取得两万多元现金后，劳荣枝电话通知了法子英钱已到手，并前往租住的酒店收拾东西准备逃离。法子英用皮带、电线将梁、刘二人勒死后离开。经法医鉴定，被害人梁晓春、刘素清系被他人用电线勒颈致机械性窒息死亡。

劳、法二人从抵达温州市到作案后离开温州市，只用了短短三天的时间，之后两人便继续开始逃亡生涯，辗转广州、杭州、南宁等地，最后落脚常州。

（四）常州案——虎口脱险获重生

1998年9月左右，劳、法二人在常州租了房子，劳荣枝继续以坐台为掩护寻找有钱的作案对象，打算将其诱骗至出租屋实施抢劫、绑架。在常州经营着一家汽修店的刘甲（化名），不幸被劳荣枝选中为"猴子"。刘甲在常州一家卡拉OK认识了坐台小姐劳荣枝，某日晚间11点过，刘甲开红色跑车将劳荣枝送回家，一进屋，便看见法子英双手持刀向自己捅来。一番缠斗后受了伤的刘甲放弃抵抗，劳荣枝拿出几根铁丝，把他双腿绑在椅子腿上，把胳膊用铁丝绑在靠背上。法子英在刘甲身上搜到车钥匙，打算将红色跑车开到别处停放，以免引起注意，并在出门前嘱咐劳荣枝，如果"猴子"要跑，就勒死他。其间，刘甲试图挣扎逃脱，劳荣枝用老虎钳击打其胸口、用铁丝拧紧其颈部予以制止。

第二天早上，按照劳、法二人要求，刘甲打电话给妻子刘乙（化名）让其筹钱。刘乙接到电话后，带上七万元左右现金，去约定的公交站与劳荣枝碰面。见面后两人一同上了出租车。劳荣枝的反侦查意识很强，她让出租车司机在附近绕了好几圈，才停在了绑架地点。进屋后，刘乙看见自己丈夫双手双脚被绑，嘴里还塞着东西，她吓得连忙将钱交给了劳荣枝。劳荣枝与法子英用江西方言交流几句后，就离开了出租屋。法子英将刘乙捆绑起来，并准备对刘甲动手。刘乙苦苦哀求法子英，最终法子英没有狠下毒手，一个小时后自行离开了出租屋。他走后10分钟，刘氏夫妇自行挣脱捆绑离开，两人成了劳、法二人犯下的一系列绑架杀人案的两名幸存者，也是二十多年后让劳荣枝接受正义审判的关键证人。

（五）合肥案——随机杀人叹悲悯

接下来，两人去了广东省，制作了假身份证，法子英化名叶伟民，劳荣枝化名沈凌秋。1999年7月1日，两人租下了安徽省合肥市中心一小学附近居民楼的民房，劳荣枝在"三九天都娱乐城"找到坐台的工作，开始寻找"猴子"。她与法子英分工明确，准备故技重施。这次二人准备得更加充分，法子英在一家电焊门市以关狗为由定制了一只一米高的铁笼子，从这个行为来看，其目的从一开始就不仅仅是求财这么简单。

没过多久，出手大方的殷建华就被劳荣枝锁定。殷建华是娱乐城的常客，每次来消费，名贵香烟都是一包一包地派发。事实上，殷建华家底并不算太殷实，这些阔绰行为不过是为了在应酬场上充面子罢了，却不想竟招来了杀身之祸。

温柔貌美的"沈凌秋"一来到"三九天都娱乐城"，殷建华就被其深深地吸引住了，每次来都点她，不过数日，殷建华就要求带劳荣枝出台，为此，还与娱乐城的经理起了冲突。1999年7月21日晚，殷建华再次欲带劳荣枝出台未果。7月22日早上，殷建华主动联系劳荣枝，劳荣枝便将其约至出租屋，迎接殷建华的，不是温柔貌美的"沈凌秋"，而是杀人狂魔法子英与一只冷冰的铁笼子。法子英将殷建华关进笼子，向其索要20万元，后又觉得太少，遂改成30万元。殷建华长期混迹商场，见过些世面，一开始他并不惧怕法子英，而是显得十分冷静，觉得对方只是吓唬自己，并不敢真正杀人行凶，这让法子英觉得自己受到了极大的冒犯，他认为必须要在殷建华面前杀个人，给他点颜色瞧瞧，他才会惧怕自己。

法子英首先用传呼机联系房东，好在房东并没有看到消息，逃过一劫，法子英只得另寻他人。但是，他一个外来汉，除了房东与劳荣枝，根本不认识其他人，他索性到大街上去找。在合肥六安路街头有一群木工正在揽活儿，法子英挑中了其中身材较为瘦小的陆中明，以家里有木工活要做为由，将其骗至出租屋。

陆中明一进门，就看见了被关在铁笼子里的殷建华，他立即意识到不对劲，转身准备逃跑，但为时已晚。法子英残忍地将无辜的陆中明杀害，并将其头砍下，提着给殷建华看。殷建华看到这一幕，恐惧到了极点，当即表示愿意付钱，并按照法子英的意思写下两张字条给妻子刘某，让她交钱赎人。劳荣枝在殷建华写下的其中一张字条上添上了"少一分钱我就没命了，他的同伙一定会让我死得比刚才那个人还快的"这句话。当晚9点左右，法子英逼迫殷建华打电话给其妻刘某，命其准备好赎金在合肥市长江饭店见面，法子英携带字条前去收钱，但法子英去得稍晚了些，殷建华的妻子未等到法子英已先行离开。回到出租屋后，法子英让殷建华打电话给其妻约定第二天早上9点见面，并让殷建华写下了家庭住址和电话号码。第二天法子英带着自制手枪与字条去殷建华家里，走之前他叮嘱劳荣枝，"我如果12点钟不回来，就是被抓起来了，你就给我报仇，把他杀掉"。

在得知丈夫被绑架后，刘某已经第一时间将孩子送回了老家。面对凶徒，刘某以筹钱为借口让法子英在家中等待，自己则出门"借钱"。她利用这一时机委托同事向警方报案。接到报警后，合肥警方迅速赶到现场，法子英负隅顽抗，与警方长时间持枪对峙，最后双方拔枪互射，法子英在交战中被子弹击中大腿，当场被擒获。另一边，劳荣枝在出租屋留下"亲爱的，我先走了，我在家里等你"的字条后，开始了长达二十年的逃亡人生。

二、正义审判

（一）痛快——杀人恶魔终伏法

法子英归案后，对警方来说第一要义就是解救人质。经过合肥警方的突击讯问，法子英交代被绑人质已被其同伙押解到河南省固始县，合肥警方带上法子英连夜赶到河南省固始县，却并没有觅得人质踪迹。这些说辞不过是法子英在为劳荣枝的逃亡争取时间罢了。

7月28日，合肥警方接到合肥市虹桥小学居民楼的居民报案，称有一住户的房间内散发出一股非常难闻的臭味。警方赶赴现场后，在房间卧室内发现了一具高度腐败的男尸，随后又在客厅的冰柜里发现了另一具男尸。经过警方调查后确认，卧室内的死者正是法子英绑架的人质殷建华，另一名死者则身份不明。警方发布"认尸启事"，但陆中明妻子朱大红一直生活在乡下老家，家里没有电视和报纸，对丈夫遇害并不知情。直到丈夫一个多月没回家，朱大红到城里丈夫经常干活的地方打听后，才知道丈夫已惨遭毒手。

虽然同案凶手在逃，但对法子英的正义审判已刻不容缓。经法院审理认定，被告人法子英自1996年7月至1999年7月伙同劳荣枝流窜作案，在南昌、温州、合肥共犯下3起命案，杀害无辜群众7人，抢得现金、有价证券等价值数十万元的财物，犯罪手段特别残忍，犯罪情节特别严重，社会危害性极大，给人民群众的生命财产安全带来极大的损失。被告人法子英犯绑架罪，判处死刑，剥夺政治权利终身，并处没收个人财产；犯故意杀人罪，判处死刑，剥夺政治权利终身，并处没收个人财产；犯抢劫罪，判处死刑，剥夺政治权利终身，并处罚金两万元，决定执行死刑，剥夺政治权利终身，并处没收个人财产，罚金两万元。至于常州案，法子英虽有交代，但由于当时技术条件限制，相关部门并没有找到相关的证人与证据，因此没有提起公诉。此外，除了上述四起案件，法子英在与律师的最后一次会见中，还一口气交代了未曾供述的30多起案件，或许殒逝在劳、法二人手中的生命不止7条。

当年12月28日，经最高人民法院核准，法子英在合肥市肥西县被公开处决。案件在审判时遵循了那个时代类似案件普遍的处理方式——"从快从重"原则，从7月23日法子英被捕，到12月28日被枪决，前后不过5个月的时间。随着一声枪声响起，法子英罪恶狂妄的一生草草了结，但因同案凶手劳荣枝仍然在逃，真正的正义还远远没有到来。

（二）归案——二十年天网难逃

早在1996年7月29日，江西省南昌市公安局就对熊启义一家三口灭门惨案进行立案侦查，并于同年8月18日发布通缉令对该案犯罪嫌疑人法子英、劳荣枝进行追逃。法子英已早早伏法，但二十多年来，劳荣枝仿佛人间蒸发一般，始终没有再出现。正义或许会迟到，但绝不会缺席。二十年来公安机关从未放弃对在逃凶手劳荣枝的追捕。终于，在2019年11月27日下午，福建省厦门市公安局思明分局刑侦大队通过大数据信息锁定可疑人员，立即组织精干警力兵分两路开展工作。一方面，研判组深入追查该可疑女子信息，进一步查实身份；另一方面，抓捕组前往该商场附近实地开展搜索布控，进一步摸清位置，为抓捕做准备。经过研判组深入追查和抓捕组实地搜索布控，厦门警方确定该可疑人员正是劳荣枝。11月28日，厦门警方前往厦门市东百蔡塘广场顺利将劳荣枝抓获归案，这是"云剑行动"取得的又一重大战果。"云剑行动"即以互联网云服务、云平台为利剑去抓捕犯罪嫌疑人。传统的抓捕犯罪嫌疑人常见方式是警力调查，需要大量财力、物力、人力的投入和人民群众的大力配合，但凭经验、凭影像的抓捕行动不仅效率低，还往往会因为滞后性错过最佳抓捕时间。而高新科技的综合应用大大增强了追捕实效，使刑侦效率得以稳步提高。公安部的统计数据表明，实施"云剑行动"抓获的在逃人员中，有一半以上是通过科技手段和大数据研判抓获的。在侦查劳荣枝一案中，人脸识别大数据和DNA对比等手段发挥了重要作用。[①]

抓捕劳荣枝，首要的功臣是人脸识别大数据系统。人脸识别技术是基于人的脸部特征，对输入的人脸图像或者视频流进行识别，进一步给出每个脸的位置、大小和各个主要面部器官的位置信息，利用这些人脸特征点提取身份特征构建人脸特征图，以数字信号形式入库，将其与已知的人脸进行对比，从而识别每个人脸的身份。犯罪嫌疑人和有前科的人在公安部门的大数据库中留下了各种数据，包括性别、年龄、指纹、相貌等，这些数据都将作为进一步对比的样本和追捕的信息。人脸识别系统可以从视频监控中实时获取特定目标人群的图像，快速与人脸数据库中的目标进行对比，锁定目标当前的位置或可能出现的位置和地点，

---

① 陈雷柱：《劳荣枝落网背后：近年多起积案告破，高科技发挥关键作用》，澎湃新闻网：https://www.thepaper.cn/newsDetail_forward_5140412，2020年8月28日访问。

采取实时或蹲守等方式抓捕犯罪嫌疑人。[1] 就在同一年几个月前，"弑母案"犯罪嫌疑人吴谢宇也是由人脸识别系统捕获。当时，吴谢宇在重庆江北机场 T2 航站楼 3 号门防爆安全检查区域等待检查，被监控设备四次抓拍到，系统识别到其相貌与被通缉照片相似度每次都大于 98%，从而引起警方注意，并将其成功抓获。

然而，人脸识别的准确性也不能达到百分之百，如果仅靠人脸识别，则可能闹出乌龙，这种情况在国外时有发生。因此，人脸识别技术只能用作对犯罪嫌疑人的初步识别与确认，要想准确确认对方的身份，还需要进一步进行生物信息比对。在"劳荣枝案"中，面对警方抓捕，劳荣枝面不改色，并没有显得十分慌张，且未抗拒抓捕。到案后，狡猾的她自称是来自南京的"洪某娇"，企图掩盖自己的真实身份。民警第一时间提取其生物检材信息进行 DNA 比对鉴定，确定"洪某娇"正是南昌警方通缉了长达二十三年之久的劳荣枝。面对铁证，劳荣枝自知已无法抵赖，最终承认了身份。此前，在甘肃"白银连环杀人案"中，罪犯高承勇的堂叔因涉嫌行贿，其 DNA 被录入警方 DNA 数据库。警方发现其生物信息与当年"白银连环杀人案"现场留下的生物信息具有同源的 Y 染色体，从而认定白银市城河村高氏家族有重大作案嫌疑，遂开始摸排调查，逐个录入高氏家族男性指纹，最终抓到残害 11 条人命的杀人狂魔高承勇。可以说，能破获这类"悬案"，科技手段功不可没。

劳荣枝被抓的消息瞬间引爆网络，"在逃二十年""身负 7 条人命""天使恶魔的反差""蛇蝎美人"，这些标签单单一个都能成为新闻爆点，更何况集于一身呢？合肥案受害者小木匠陆中明的女儿陆煦也看到了消息，"泪水一直在眼眶中打转，心里充满了恨意，但我不想把这种情绪带给妈妈"。平复心情后，她才打电话将消息告诉了母亲朱大红，安慰

---

[1] 张田勘：《劳荣枝身背 7 命潜逃 20 年，为何"败"给了它？》，新京报网：http://www.bjnews.com.cn/opinion/2019/12/04/657650.html，2020 年 8 月 28 日访问。

其不要太难过，"只要抓到了，也算给爸爸一个交代"①。二十多年前，作为家中顶梁柱的小木匠无辜被害，这给他的家庭带来的不仅仅是当下难以承受的打击，更是失去经济来源后，整个家庭在未来几十年的风雨飘摇。用朱大红的原话来说就是"当时真的天都塌了，家里孩子小，还有老人，那几年我都想过跟着他去算了，日子太苦了，不能想"。陆中明遇害前，陆家谈不上富裕，但也丰衣足食，其乐融融，家庭和睦。陆中明遇害后，朱大红需要凭一己之力供养三个小孩和一位老人，上有老，下有小，最大的孩子也不过七岁，日子过得十分艰辛。因为家境贫寒，为了减轻母亲的负担，三个孩子也早早辍学，初中毕业后便外出打工。可以说，陆家人的命运因为顶梁柱陆中明的遇害而完全被改写了。

相比之下，这二十多年，劳荣枝是如何度过的呢？1999年7月23日，法子英前往殷建华家取赎金，劳荣枝则在租住屋看守殷建华。见法子英久久未归，劳荣枝敏锐地察觉到其可能已经被公安机关抓获，当晚劳荣枝乘坐巴士逃出安徽省，又辗转武汉、东莞等城市，回到重庆二人的大本营"安全屋"查看法子英是否回来过，之后又去沿海多个城市，但仍觉得不太安全，最后落脚于"更像是一个内地城市"的厦门。这些年，劳荣枝靠着被人包养，并不需要辛苦工作养活自己，日子过得还算不错。从其社交账号的状态来看，她养宠物、弹琴、画画、跳舞，偶尔做一些兼职，物质享受与精神享受一样也没落下。而与劳荣枝年纪相仿的受害人遗孀朱大红，一人独自扛起生活的重担，每日四五点便起床进城打工，孩子们从小也几乎没有穿过新衣服，这种强烈对比令人唏嘘。

（三）一审——"无知少女"还是"蛇蝎毒妇"

2020年12月21日，在劳荣枝到案一年后，江西省南昌市中级人民法院一审公开开庭审理"劳荣枝案"，庭审持续了整整两天。

庭审中，江西省南昌市人民检察院指控被告人劳荣枝涉四起犯罪事

---

① 李运恒：《劳荣枝案背后：失去"小木匠"的23年》，澎湃新闻网：https://www.thepaper.cn/newsDetail_forward_21018581，2022年12月24日访问。

实，分别是：在江西省南昌市、浙江省温州市、江苏省常州市、安徽省合肥市与法子英共同实施故意杀人、绑架及抢劫犯罪。劳荣枝当庭翻供，对之前在公安机关交代的供述表示不予认可，公诉人则一一驳斥劳荣枝在庭上的供述。首先，劳荣枝在庭上表现出一副受害者的形象，她声称自己当年涉世未深，受到法子英的胁迫，一时酿成大错，对于协助绑架、抢劫的事实，她均承认，但是对于杀人的事实，她坚决不认。"我做过的我都会认"，劳荣枝在庭上多次说道。一旦涉及关键事实，劳荣枝均使用"也许""可能""我不清楚"等词语企图模糊真相，影响法官判断。面对从她自己嘴里说出的事实，劳荣枝也用"那是经办人员自己认为，曲解了我的意思"来否认。劳荣枝极力辩解自己虽然做错了事，但一切都是源于法子英的诱骗，自己多次想逃离法子英，但法子英以其家人的生命安全作为威胁，为了保护家人她只能苦苦忍耐。"从别人的口袋里拿钱是不道德的，我觉得很丢人"，"我不屑做这种事"，她辩解道。

"在南昌市的合谋、分工，没有的，我是受害人。"劳荣枝首先奠定了自己是"受害人"的基调。关于南昌案，劳荣枝在公安机关的供述却是"由于身上没有钱了，就决定在南昌找事赚点钱，于是，法子英就让我到夜场去坐台，就是找个'猴子'。'猴子'指作案对象，我把'猴子'约到租住房，假装做爱，再由法子英出来抓奸，趁机敲诈"，这份供述证明了劳荣枝对绑架、抢劫的事实存在故意。但到了庭审阶段，劳荣枝矢口否认自己与法子英在事前合谋，而是声称自己当时已与法子英分手，根本不清楚法子英会出现在出租屋内。受害人熊启义约自己外出逛街，又不愿花钱为自己购置衣服，便提议送自己空调，二人才一同回到出租屋，却不料被法子英撞见，法子英醋意大发，二人短兵相接，法子英很快占了上风，这才杀死了熊启义。

在温州案中，劳荣枝多次强调自己是真的想租房子，抢劫是法子英的临时起意。面对公诉人询问"除了抢到存折外，还有没有抢到其他财物"时，劳荣枝回答"其他东西我都没有要，我不屑于去要这些赃物，我就空着手走了"。当公诉人反驳劳荣枝不屑于要赃物还去银行取款时，劳荣枝称一切均是法子英指使，自己无力反抗。在公诉人出示的证明劳荣枝存在事前抢劫故意的证据面前，劳荣枝直言自己根本就不想那样做，她说："我的尖叫声比受害者，比那个小妹妹的声音还大。""我不曾伤害过任何人，或者说，我没有这个主观意愿，我不想去侵犯别人的利益，我都说了，去抢、去偷非常丢脸，我鄙视这样的行为。""我想通过别的方式来挣钱，但是法子英不让。"她声音温柔，逻辑缜密，用刑事附带民事原告人朱大红的代理律师刘洁静的话来说就是"劳荣枝有强大的意识和非凡的表演才能，以表现柔弱欺骗所有人"。这样一个带着哭腔讲话的美丽温柔的女人，确实很难与"心狠手辣""杀人""绑架"这些词语联系起来，如果没有证人与物证，仅凭劳荣枝的一番说辞，听众真的很容易被迷惑。公诉人询问其是否绑了刘、梁二人，她回答道："我认为我在南昌绑了受害者，我在常州绑了受害者，所以我认为我在温州也绑了。"又马上补充道："但是事实上我没有印象，我好像没有触摸被害人，我也没有预见到被害人的后果。"可见其讲话极其考究，巧言令色，欲扬先抑，看似承认，实际上又有无数的"但是"进行辩解。

在合肥案中，关于殷建华到底死于谁手，劳荣枝答道"不是我就是法子英，他没有第三位合作者"，又辩解说自己在目睹法子英杀死小木匠后，精神恐惧到了极点，于是在 22 日晚上以买夜宵为借口连夜逃离，并没有杀死殷建华的作案时间。在 1999 年"法子英案"的判决书中，安徽省合肥市中级人民法院已经认定殷建华为法子英所杀。判决书原文写道：7 月 23 日上午，法子英逼殷又给其妻刘某写了两张字条，10 时左右，法子英将铁丝绕于殷建华颈部，用老虎钳拧紧铁丝将殷勒死。同时，法子英也供述殷建华确为其所杀。但是二十多年过去了，事情似乎有了变数。首先，安徽省合肥市公安局于 1999 年 8 月 1 日出具的"合公（99）刑鉴（法）字第（0850）号"《刑事科学技术鉴定书》表明殷建华的死亡时间为 1999 年 7 月 24 日左右，而法子英在 7 月 23 日上午 11 时左右被公安机关抓获，根本没有作案时间。第二，有新证据表明劳荣枝存在主观恶意。江西省人民检察院于 2020 年 8 月 28 日出具的"赣检技鉴（2020）7

号"《笔迹鉴定书》表明，被害人殷建华在 1999 年 7 月 22 日晚手书字条上的"少一分钱我就没命了""这件事千万不要让任何人知道，不管你妈还是别人，现在放下电话，十五分钟内""在规定时间内""他的同伙一定会让我死得比刚才那个人还快"等补充文字系劳荣枝字迹。第三，法子英辩护人与法子英会见笔录显示，案发后法子英询问辩护人在合肥死了几个人，表明也许其并不知道殷建华死亡的事实。综合上诉证据可知，殷建华可能并非法子英所杀。但是，在那个年代，刑侦技术相对落后，尸检报告的时间也不够精确，甚至可能出现较大误差。况且，其他当事人均已不在人世，因此真相到底如何，只有劳荣枝一人心知肚明。对此，劳荣枝表示很多事实她都不记得了，在小木匠陆中明被杀后，她的精神恐惧到了极点，当场"真空断片儿了"。对于纸条上的字迹，劳荣枝承认出自自己之手，承认的理由是"因为很像"。对于购买冰柜的事实，劳荣枝表示"没有印象"，她甚至有些激动地辩解道："我没有印象就是不是，因为已经造成了这么恶劣的后果，我没有必要去标榜自己，我做过的都会承认。"虽有卖冰柜的老板、送货的三轮车夫的证人证言，称买冰柜之人为一短发、眼睛偏小的女人，可该体貌特征描述似乎与劳荣枝的体貌特征并不相像。最后，法院通过其他证据相互印证认定买冰柜之人确为劳荣枝。

至于最后为什么会留下"亲爱的，我先走了，我会在家里等你"的字条，劳荣枝回答是担心法子英看到自己撇下他先逃走而勃然大怒，转而返回九江伤害自己的家人，因此留下字条以稳定法子英的情绪，这一切都是为了保护自己家人的人身安全。谈及家人，劳荣枝情绪激动，崩溃大哭，坦言自己为了家人忍耐了太多，试图唤起听众的恻隐之心。如果旁听者涉世未深，没有了解基础案情，那么一定会被劳荣枝在庭审的表现深深触动，甚至对她这一路的"辛酸""忍耐""苦楚"产生同情。

2021 年 9 月 9 日上午，江西省南昌市中级人民法院依法对被告人劳荣枝故意杀人、抢劫、绑架案进行一审公开宣判，以被告人劳荣枝犯故意杀人罪、抢劫罪、绑架罪，数罪并罚，决定执行死刑，剥夺政治权利终身，并处没收个人全部财产。劳荣枝当庭表示对判决结果不服，要求上诉，称自己"罪不至死"。

（四）上诉——"可怜的、妈妈的女儿"

2022 年 8 月 18 日至 20 日，江西省高级人民法院依法公开审理了劳荣枝涉嫌故意杀人、抢劫、绑架上诉一案。庭审持续了整整三日，控辩双方展开了激烈辩论。

二审中，劳荣枝一方拿出更多证据，以证明自己被法子英控制，成为其作案的工具。她声称，在南昌案之前，自己与法子英已经分手，无奈在南昌被法子英拉下水，被迫成为其同伙。她的身心被法子英摧残、控制，多次遭受法子英殴打，导致嘴角缝针、头骨凹陷。同时，法子英强制她发生性关系，导致她不仅多次堕胎，甚至在小产期间被侵犯。但在劳荣枝所称自己做堕胎手术的医院，却查不到劳荣枝的就诊记录。法子英姐姐也声称，自己并不知道劳荣枝怀孕，就更不可能如劳所言陪同其做堕胎手术。因此，这可能只是劳荣枝想要与法子英划清界限的说辞。

关于劳荣枝是否参与捆绑被害人，劳荣枝否定了其在一审庭审中的说辞，除了承认在存在幸存者的常州案中捆绑了刘甲的手脚外，其他均不是由自己捆绑。公诉人则指出，劳荣枝在讯问期间和一审中均承认自己曾捆绑受害人，且描述的细节与死者尸检报告等证据相互印证。劳荣枝在庭审中希望媒体不要"妖魔化"她，她只是那个"可怜的、妈妈的女儿"。

2022 年 11 月 30 日上午，江西省高级人民法院对劳荣枝涉嫌犯故意杀人罪、抢劫罪、绑架罪上诉一案作出二审宣判：驳回上诉，维持原判。江西省高级人民法院认为，劳荣枝及其辩护律师所提劳荣枝不构成故意杀人罪，系从犯、胁从犯等上诉理由和辩护意见，与二审查明的事实不符，于法无据，依法不予采纳。第一审判决认定的事实清楚，证据确实、充分，定罪准确，量刑适当，审判程序合法，裁定驳回上诉，维持原判，对劳荣枝的死刑裁定依法报请最高人民法院核准。

2023 年 12 月 10 日，最高人民法院对被告人劳荣枝故意杀人、抢劫、绑架死刑复核一案依法作出裁定，核准劳荣枝死刑。最高人民法院认为，被告人劳荣枝伙同罪犯法子英故意非法剥夺他人生命，其行为已构成故意杀人罪；劳荣枝伙同法子英以非法占有为目的，采用暴力、威胁手段劫取他人财物，其行为又构成抢劫罪；劳荣枝伙同法子英以勒索财物为目的绑架他人，其行为还构成绑架罪。在共同犯罪中，劳荣枝与法子英精心预谋，周密策划，分工明确，相互配合。劳荣枝始终积极主动，起到至关重要的作用，亦系主犯，应当按照其所参与的全部犯罪处罚。劳荣枝伙同法子英故意杀死 5 人；抢劫致 1 人死亡，入户抢劫，抢劫财物共计价值 3 万余元，数额巨大；绑架并杀害被绑架人 1 人，勒索财物 7 万余元，犯罪情节特别恶劣，手段特别残忍，主观恶性极深，人身危险性和社会危害性极大，后果和罪行极其严重，应依法惩处。对劳荣枝所犯数罪应予并罚。第一审判决、第二审裁定认定的事实清楚，证据确实、充分，定罪准确，量刑适当，审判程序合法。据此，最高人民法院依法核准江西省高级人民法院维持第一审对被告人劳荣枝以故意杀人罪判处死刑，剥夺政治权利终身；以抢劫罪判处死刑，剥夺政治权利终身，并处没收个人全部财产；以绑架罪判处死刑，剥夺政治权利终身，并处没收个人全部财产，决定执行死刑，剥夺政治权利终身，并处没收个人全部财产的刑事裁定。

最高人民法院在复核期间，依法讯问了被告人。辩护律师查阅了卷宗材料，会见了被告人，提交了 20 余万字的辩护意见。最高人民法院认真听取并审查了辩护意见，充分保障了被告人依法享有的诉讼权利。江西省南昌市中级人民法院向劳荣枝送达了最高人民法院刑事裁定。劳荣枝向被害人亲属表达歉意。2023 年 12 月 18 日上午，江西省南昌市中级人民法院遵照最高人民法院下达的执行死刑命令，对劳荣枝执行了死刑。至此，劳荣枝最终没有逃脱法律的制裁，随着死刑令下，劳荣枝罪恶的一生自此终结，被害人的亡灵终得告慰。

三、法理研判

（一）锲而不舍——追凶二十载

劳荣枝被抓获时，距离劳、法二人最后一次作案已经过去了整整二十年。在这二十年里，劳荣枝遵纪守法，没有再犯案，用她自己在庭审的原话说，这二十年来除了炒股她没有做过其他错事。那么，对于这样一个似乎已经没有社会危害性的"良民"，还能对其进行追诉吗？

答案是肯定的。追诉时效制度在世界各国的刑事立法中都占据重要地位，也是我国刑法的一项基本制度。追诉时效，即经过一段时间以后，本该受到刑事追究的犯罪行为人不再被追诉，国家刑罚权归于消灭。对于可能判处无期徒刑、死刑的犯罪，我国法律规定的追诉时效正好是二十年。

但是，我国法律也存在不受追诉时效限制的特别规定。追诉时效延长制度是在追诉时效制度上进行的一个限制性规定，因为一定的事由，导致行为人的追诉期限不受限制，行为人将被永久追诉。第一种情况是"在人民检察院、公安机关、国家安全机关立案侦查或者在人民法院受理案件以后，逃避侦查或者审判的"；第二种情况则是"被害人在追诉期限内提出控告，人民法院、人民检察院、公安机关应当立案而不予立案的"。劳、法二人在南昌犯下第一起案件时，南昌警方就已经立案侦查，并锁定二人为犯罪嫌疑人，发出了通缉令。因此，劳荣枝属于在人民检察院、公安机关、国家安全机关立案侦查或者在人民法院受理案件以后，逃避侦查或者审判的，可以不受追诉时效限制。换句话说，无论过去了多少年，都是可以对其进行追诉的。追诉时效延长制度表明了国家有罪必究，及时有效保护被害人合法权益的决心，具有安定性价值、法的社会保障价值、正义价值，体现了对具有严重社会危害性的犯罪人从严惩治的精神，防止犯罪行为利用法律的漏洞，规避法律的制裁，逃脱其应有的法律责任，从而维护刑法的公正价值和维护被害人的利益。

（二）姗姗来迟——程序为何四年才落幕

从法子英被合肥警方抓获，到其被执行死刑，前后不过五个月的时间。但劳荣枝于2019年12月被厦门警方抓获，直至一年后一审才开庭审理，又过了9个月才进行宣判。劳荣枝对一审裁判不服，上诉后又过了一年，二审审判程序才开启，并在数月后宣判。最后，死刑复核程序花费了一年时间，最终2023年12月18日，劳荣枝被执行死刑。两个同案犯，跨越二十多年，审判耗时竟相差如此之大，究其原因，大概有如下几点：

第一，刑诉法的发展。从1999年到2019年，我国刑诉法经历了2012年、2018年两次修改，科学、民主、文明的发展方向势不可当，人权保障的"以人为本"根基越来越牢。未经人民法院依法判决，对任何人都不得确定其有罪。针对被告可能被判处死刑的案件，更是要慎之又慎，司法不会放过一个坏人，但也万万不能冤枉一个好人。

第二，缺乏关键证据，案件事实扑朔迷离。1999年安徽省合肥市中级人民法院的判决书认定，劳、法二人的分工较为明确，作案模式固定，由劳荣枝负责将被害人"引诱"过来，法子英对其进行勒索、杀害，但并没有认定劳荣枝直接参与了杀人。同伙法子英极力庇护劳荣枝，据法子英的律师回忆，每当涉及有关劳荣枝作案细节的话题，法子英都避而不谈，甚至一开始根本不承认有劳荣枝，后来面对公安带来的大量证据才不得不承认。此外，定罪人证、物证缺乏。同案犯、被害人均已身故，能够完整还原整个案件事实的只有劳荣枝一人，大量作案细节均来自劳荣枝本人的供述与法子英当年的供述。但劳荣枝声称自己"这辈子没有杀过一只鸡、一只鸭"，对于她是否有直接参与杀人并没有直接证据可以证明。

第三，侦查耗时耗力，交付审判道阻且长。劳荣枝与同伙法子英跨多省流窜作案，且历经二十年证据面临灭失的风险，侦查人员异地取证工作十分艰难。而刑事诉讼程序每个环节的推进都有严格的法律标准，公安机关只有在确认犯罪事实清楚，证据确实、充分的基础上才可以终结案件的侦查工作，移送人民检察院审查决定；人民检察院只有认为犯罪嫌疑人的犯罪事实已经查清，证据确实、充分，依法应当追究刑事责任的，才可以向人民法院提起公诉。本案侦查活动困难重重，更需要大量时间来查明案件真相，告慰多名受害人及家属。

（三）疾恶如仇——辩护人竟为"恶人"全力以赴

我国刑事诉讼法赋予了被告人获得律师辩护的权利。不仅如此，对于特定被告人，国家还提供免费的法律援助律师。根据现行《中华人民共和国刑事诉讼法》（以下简称《刑事诉讼法》）第三十五条规定，犯罪嫌疑人、被告人可能被判处无期徒刑、死刑，没有委托辩护人的，人民法院、人民检察院和公安机关应当通知法律援助机构指派律师为其提供辩护。劳荣枝符合法律援助的条件。那么，律师为什么要为"恶人"辩护，甚至国家还要主动为"恶人"提供律师呢？

首先，庭审是一个还原事实与适用法律的过程。还原事实这一活动离不开证据。一般的刑事案件的证据主要来源于公安机关的侦查活动，而律师最重要的工作就是对这些证据质证，从证据的真实性、合法性、关联性三方面入手，对每一份证据进行论证。一般的被告人并没有经过专业的法律训练，如果由其自己辩护，不仅会效率低下，拖延庭审时间，还很难进行有效质证，从而维护自己的合法权益。尽管辩护权是刑事被告人享有的一项诉讼权利，但由于被告人本身一般没有行使辩护权的能力，而只有在获得律师帮助的前提下才能进行有效的辩护活动，因此，辩护权的本质其实就是获得律师帮助的权利。在一定程度上，辩护权可以被视为"被告人享有辩护权"与"辩护律师行使辩护权"的有机结合。

其次，根据现行《刑事诉讼法》第十二条规定，未经人民法院依法判决，对任何人都不得确定其有罪。换言之，任何人的罪行的确定都必须经过法律审判，法律在制裁被告人的同时，也要捍卫其权利，而获得律师辩护的权利是保障被告人人权的最后一道屏障。刑事辩护是刑事诉讼制度的组成部分，也是刑事诉讼中人权保障水平的重要体现。自1979年实施第一部《刑事诉讼法》以来，我国先后在1996年、2012年和2018年对《刑事诉讼法》进行了三次规模不等的修订，而每次修订都涉及刑事辩护制度的改革。可以说，我国的刑事辩护制度是随着这四部《刑事诉讼法》的修订而不断建立、发展和完善起来的。

最后，无期徒刑剥夺一个人长期的自由，死刑剥夺一个人的生命，如果出现冤假错案，难以对受冤的被告人进行实质的弥补。因此，对于这类被告人的审判，律师的辩护是必需品。而受历史、政治、社会等因素的影响，无罪推定原则难以推进，民众对辩护群体存在固有的偏见与排斥，加之相关立法和司法制度有待完善，辩护制度在实践中的运行状况不容乐观，重要体现就是辩护率始终不高，特别是委托辩护持续低迷，对此，改革的目光重点放在了逐步扩大刑事法律援助的适用范围上。对于没有经济条件支付律师费用的被告人，国家为其提供法律援助律师，目的就是要更加公正地对其进行审判。

（四）全民共愤——民愤是否影响司法裁判

在自媒体时代，信息的传递速度与散播广度超乎想象。从被抓获到被执行死刑，"劳荣枝案"的每一动向都能迅速引爆网络，登上热搜。在司法领域，尤其是刑事司法中，舆论影响一直是公检法机构不得不面临的问题。在办理社会影响比较大的案件时，公检法三机关往往会承受一定的舆论压力。舆论审判，普遍认为系针对某刑事案件所形成的民意、舆论积累了一定能量后，对审判者形成压力，并通过种种渠道得以干预或影响最终审判结果。[1]

---

[1] 熊琦：《网络时代"舆论审判"问题的刑法教义学析解》，载《中国刑事法杂志》2018年第4期。

舆论之所以能对司法审判活动产生深远影响，与其自身的特性密切相关。舆论天然具有主观性及情绪性的特征，尤其受舆论发布主体的自身状态、所处阶段及立场等因素影响，且舆论往往不具备全面性，即展现在公众面前的舆论内容通常由发布主体决定，一般仅会展现事件的部分内容，即"你知道的只是别人想让你知道的"，而这种特性，在网络时代得到了极大的提升，在网络时代，舆论的传播力度、广度尤胜以往。

在过往案例中，舆论确实对刑事司法的审判产生了影响，尤其是在一些造成巨大社会影响的案件中，例如在"马加爵案"开庭审理前，一些新闻媒体就以"一个大学生'屠夫'的成长"为题，将其直接定性为杀人犯。同样，在劳荣枝还未接受审判前，媒体已经对其冠以"杀人女魔头"的称号。

在这些案件中，不难看出，过往传统媒体时代，主流媒体是极容易对审判机关形成舆论压力的，而到网络时代，对审判机关造成影响的主要是公众舆论。不论是主流媒体还是公众舆论，归根结底系所谓的"意见领袖"发挥关键作用，"意见领袖"通常为了一个目的或立场，在超出客观事实的基础上，发表一个看似合乎情理及民意的观点甚至是倡议，例如对某某案件的被告是否应当承担责任进行公开投票。这种倡议看似合乎逻辑，但实际上存在极大的主观性及片面性，且忽视了刑事司法审判的真正内核，不仅会对司法审判机关形成舆论压力，且会让社会公众对司法审判活动产生误解，尤其是当审判结果与舆论意见不一致或不完全一致时，社会公众甚至会对司法机关产生不信任感。究其根本在于，司法审判活动是一项系统性且复杂的活动，司法审判活动在尊重公理、人伦的基础上，更为重要的是其受到刑事法律的调节及规制，而不论是媒体还是公众，往往关注的是公理及人伦，而忽略了刑事法律，其才是入罪的基础依据。

而在"劳荣枝案"中，该案系典型的社会影响重大的案件，而案件本身的复杂性、严重性、戏剧性都使得案件及劳荣枝其人受到了极大的关注。当"女杀人魔""心如蛇蝎"等成为劳荣枝的标签时，舆论对于该案司法审判机构的影响让人不由得不重视。

（五）二审落槌——还需复核是为何

在我国，一般的刑事案件最多经过两级法院审判即告终结，但如果是被告人被判死刑立即执行的案件，还需要层层申报至最高人民法院进行死刑复核程序。死刑复核是我国《刑事诉讼法》特有的刑事审判制度，是我国宪法所规定的"尊重与保障人权"的具体体现。

生命权系公民最为重要的权利，且具备唯一性，《刑事诉讼法》设置死刑复核程序便是充分保护公民生命权的体现。我国一贯遵循"少杀、慎杀"的方针政策，死刑复核程序既是为了保证刑事案件的办案质量、规范正确适用死刑，又是为了最大限度地防止冤假错案的发生，毕竟死刑的适用具有绝对的不可追溯性及不可补偿性。

死刑复核程序的构建及实施难以避免地增加了司法成本，但我国在构建死刑复核程序中亦努力寻找其中的平衡点，同时也更加重视死刑复核程序带来的法律效应及社会效益，从法律维度考虑，死刑复核程序本身已经是我国的一项创举，且其本身亦可以有效避免审判权力的滥用。从社会维度考虑，死刑复核程序亦能避免死刑不当适用给国家、社会或公民造成重大损失，同时，对社会公众还可起到警示或教育作用，对于保障社会长治久安具有十分重要的意义。

四、反思与启示

（一）控辩须平等

控辩平等是对司法职能配置的基本要求，其含义是指控辩双方平等武装、平等对抗。有学者认为，实现控辩平等，是刑事诉讼制度史上的第三次重大改革。[①] 从 1996 年《刑事诉讼法》修改到 2007 年《律师法》修正，再到 2012 年、2018 年两次《刑事诉讼法》修改，法律扩大了刑事辩护律师的权利，使得律师在刑事辩护中自身"防御装备"与"攻防武器"不断改善。但是，面对强大公权力，辩方仍旧显得"弱小""无助"，实践中实际辩护效果也并未随着攻防权利的输入而等比例增强。

为了实现控辩平等，首先应当对控方权利的行使依法予以限制，如限制警察特权，在辩方申请排除非法供述时，侦查人员必须出庭接受辩方律师的询问和对质。其次则是应大力加强辩方权利保障，确立以被告人为主体的辩护权利保障体系，确立律师辩护权的基础是被告人不得自证其罪，同时要保护被告人和辩护人的质证权利，立法应当将刑事被告人与证人的对质权作为一项基本人权加以保护。

（二）死刑复核程序改造

死刑复核程序是为了保障死刑案件质量而设置的特别审判程序，具有鲜明的中国特色。一部分学者和实务工作者认为，我国的死刑复核程序并不是一种审判程序，而是一种行政性核准程序。首先，"核"在字面上附带有行政上的复查审核倾向；其次，死刑复核程序并不开庭，而是进行书面审理，不具有传统审判方式中"两造具备，师听五辞"的特征，行政审批色彩浓郁；最后，死刑复核程序的启动是自动的、强制的，违背了"不告不理"的诉讼原则。为最大化发挥死刑复核程序的公正司法、防错纠错、保障人权的功能，贯彻落实"保留死刑，严格控制和慎用死刑"的死刑政策，死刑复核程序应当着力加以完善。

第一，探寻死刑复核程序诉讼化改革的路径。有些学者认为应向三审制转变，死刑复核程序改革，应增加程序的公开性，增大控辩双方的参与，发挥权利救济的功能。实际上，这种改变必然地将导致该程序发生实质性变化，即死刑复核程序将不再为原本意义上的程序，而是会向

---

① 冀祥德：《论司法权配置的两个要素》，载《中国刑事法杂志》2013 年第 4 期。

一种新的独立审级——"第三审"进行转换，转换为权利救济型程序，该种转化，既符合目前的司法理念，同时有利于实现权利救济与提高诉讼效率的双重目标。还有些学者认为三审制改革太过理想化，从构建中国特色社会主义司法制度来看，在死刑复核程序现有框架下进行自我完善和优化更具有现实性和可行性。但无论是哪种改革方式，增加律师辩护，严格证明标准都是改革的共识。

第二，加快将法律援助辩护全覆盖至死刑复核程序，充分保障死刑被告人的辩护权。目前我国的法律援助制度仅限于一审程序、二审程序，在死刑复核程序中，无力聘请律师的被告人可谓是"孤立无援"。所有保留死刑的国家对死刑的判处都是谨慎及保守的，同时在程序上往往设置了一系列保障机制，正如日本学者所言："适当的辩护是防止冤假错案的必要条件。"[1] 如果死刑复核程序中没有律师介入，那么程序的价值将大打折扣，这与该程序保障人权的初衷是相悖的。

第三，严格死刑案件证明标准。死刑刑罚一旦执行，如果错杀，便不可挽回，因此必须慎重而为之。对死刑案件的证据必须坚持"唯一性"的标准，所谓"唯一性"指在刑事案件中，对主要事实（如犯罪是否发生、犯罪由谁实施等）的认定应当达到唯一性、排他性的程度。[2] 只有对主要事实的证明达到"唯一性"，才能保证裁判认定的案件事实与客观事实相符，使案件经得起法律和历史的检验，最大限度地避免出现冤假错案。[3]

（三）审判应以证据为基石

在诉讼史上，司法证明经历了由"证据非裁判所必需"到"没有证

---

① ［日］秋山贤三：《法官因何错判》，曾玉婷译，北京：法律出版社，2019 年，第 113 页。

② 陈光中、唐露露：《我国死刑复核程序之完善刍议》，载《法学杂志》2020 年第 2 期。

③ 陈光中：《"两个证据规定研讨专题"——"结论唯一"之解读》，载《证据科学》2010 年第 5 期。

据不得进行裁判"的转变。①2010 年最高人民法院、最高人民检察院、公安部、国家安全部和司法部联合发布的《关于办理死刑案件审查判断证据若干问题的规定》（法发〔2010〕20 号）第二条规定了证据裁判原则，即"认定案件事实，必须以证据为根据"。证据裁判原则的确立，否定了历史上的神明裁判、刑讯逼供等愚昧、野蛮的事实认定方法，是诉讼进步与司法文明的表现②，从而也被视为现代证据法乃至诉讼法的基石。③按照比较权威的解释，贯彻证据裁判原则，"就是通过证据来认定案件事实，即将证据作为事实裁判的根据"。④

基于证据裁判原则，没有证据，不得认定事实。这里的"没有证据"，不仅仅是指没有任何证据，也包括有证据但证据不充分的情况。没有证据当然不能认定案件事实，但有了证据，如果证据没有达到法律规定的要求，也不能认定案件事实。⑤在司法实践中，几乎不存在没有任何证据就认定事实的情况。绝大多数的情况是，有一定证据，但证据不够充分，即所谓"证据不足"的情况。在这种情况下，事实并没有得到证明，通常是不能作出事实认定的，至少在刑事诉讼中是如此，因为"疑罪从无"已成为现代刑事审判的"铁则"。⑥

在"劳荣枝案"中，控方展示了大量证据，包括物证、书证、证人证言、鉴定意见、犯罪嫌疑人、被告人供述等多种证据种类，并在庭审中花费了大量时间进行了举证质证。比如，关于殷建华到底死于谁手的问题，根据安徽省合肥市公安局于 1999 年 8 月 1 日出具的"合公（99）刑鉴（法）字第（0850）号"《刑事科学技术鉴定书》表明，殷建华的死

---

① 樊崇义、吴宏耀：《论证据裁判原则》，最高人民检察院法律政策研究室编：《法律应用研究（第 6 辑）》，北京：中国法制出版社，2001 年，第 126 页。

② 张保生：《证据法学（第 2 版）》，北京：中国政法大学出版社，2014 年，第 135 页。

③ 樊崇义：《刑事证据规则研究》，北京：中国人民公安大学出版社，2014 年，第 107 页。

④ 张军：《刑事证据规则理解与适用》，北京：法律出版社，2010 年，第 7 页。

⑤ 樊崇义：《"以审判为中心"与"分工负责、互相配合、互相制约"关系论》，载《法学杂志》2015 年第 11 期。

⑥ ［日］田口守一：《刑事诉讼法（第 5 版）》，张凌、于秀峰译，北京：中国政法大学出版社，2010 年，第 272 页。

亡时间为距尸检时间（1999 年 7 月 29 日）五天左右。20 年前安徽省合肥市中级人民法院出具的判决书认定死亡时间是 1999 年 7 月 23 日上午 10 时许，而江西省南昌市人民检察院却认为殷建华的死亡时间为 1999 年 7 月 24 日左右，是个相对模糊不确定的时间。由于当年的技术局限，尸检时间不够精确，因此留下了争议的空间。按照存疑时有利于被告人的原则，最终江西省南昌市中级人民法院并未以此为证据认定殷建华为劳荣枝亲手所杀。而是通过共同犯罪中"部分实行，全部负责"的理论，认为尽管无法查清究竟是劳荣枝还是法子英直接实施了勒颈杀人行为，但二人的行为相辅相成，密不可分，均与殷建华的死亡存在因果关系，应共同对殷建华的死亡承担刑事责任。

（四）正确认识舆论作用

从近年来众多热点事件不难看出，不仅是刑事司法领域，就整个司法领域，舆论的影响力亦不容忽视。因此，对于法律工作者而言，需要正确且审慎地看待舆论，评价舆论的作用及价值，既需要保障舆论的监督权利，又要使其对审判的影响力保持克制，避免舆论对刑事司法审判形成不当压力。法律尊重民意，但不能简单地将这一概念置换成司法要尊重社会舆论，关键还是要看社会舆论能不能真实地反映民意。民意要通过社会舆论来表现，但并非社会舆论都代表民意。法律要尊重的是真正反映民意的社会舆论，而不是歪曲反映民意和剪裁民意的社会舆论。如果社会公众不能以合理的方式，全面客观地感知、认识案件的真实情况，就不可能作出对于当事人行为的正确评价，由此形成的社会舆论就不能反映真实的民意。司法机关绝对要排除这样的社会舆论对于案件判决的影响，否则对于被告人来说，将是一场灾难。而从过往的案件中不难看出，对舆论的评判或定性本身是一件困难的事，在现如今的社会环境下，个案当中，司法机关在刑事司法领域是无法规避舆论的影响的。司法机关应从自身出发，在充分关注舆论的同时，依然尊重事实，坚守法律，依法开展审判活动，方能真正杜绝舆论的不当影响。

五、结语

二十余载光阴，少年变壮年，壮年已迟暮。二十年的孤苦等待，这份正义，熊启义的母亲没有等到，陆中明的母亲也没有等到。庆幸的是，科学技术的进步大大提高了公安机关的刑侦能力，助力公安机关在茫茫人海捕捉到早已销声匿迹的劳荣枝，使其接受正义的审判。除了人脸识别大数据系统和 DNA 鉴定技术的贡献外，办案人员多年坚持不懈的努力才是案件侦破的关键。劳荣枝被执行死刑不仅告慰了受害人家属，更向社会证明，潜逃的犯罪分子终有一天难逃法律的严惩。这份正义，殷建华的妻子等到了，陆中明的孩子等到了，千千万万关注该案的普通民众也等到了。最重要的是，本案使公众对社会治安和公共安全、对公平正义和法治建设多了一份信心。

（李玙）

回家之路，走了10744天

——谭修义"强奸杀人"再审无罪案

引　言

　　1999年12月，河南周口一派冬天的景致。在寒风无法到达的法庭上，一名谭姓男子大喊："人真不是我杀的，我没罪，我不想死！"这一声音终究还是被声声法槌打断。随后，该男子被法警押走。法庭的门关下时发出了沉重的声音，压在被害人谭家心头的大石仿佛也随之落下，但是这一起影响重大的强奸杀人案并未就此画上句号。23年后的12月，河南郑州的法庭上，谭姓男子再次受审。这次，他的冤屈被洗雪，他的罪名被推翻。而这一天，距离他在家中被带走的那一天已有10744天之久。

一、案件回顾

（一）商水凶杀案，29年之始

　　1993年7月16日晚间，河南省周口市商水县谭庄镇前谭村正值盛夏。燥热的夜晚，蝉鸣阵阵。这是农家生活再平常不过的一天了。谁承想，正是这种平常使得不平常被掩盖——1993年7月17日清晨，谭红（化名）及其父母共计三人被发现惨死在自家中。平静的村庄，一桩重大的凶杀案初露端倪。

一个偏僻的村庄，突然发现了同村村民的尸体。这起凶杀案，绝非普通凶案场景：死者有三人，均为当地村民，其中一人为谭红，其尸体被悬挂于房梁之上，死状极其惨烈，而另外两人系谭红的父母。根据警方的描述，这是一桩"灭门案"，凶手趁着夜色苍茫之时强奸后作案，其手段惨绝人寰。一时间，各种担忧、猜疑充满这个小小的村庄。

侦查人员的初次到来并没有给村庄带来希望。在对案发现场进行勘验后，侦查人员并没有获得锁定凶手身份的直接线索。在指纹、DNA等技术手段尚未普及运用的20世纪，侦查人员只能将破案希望寄托于群众。在案发后两天，侦查人员在整个村庄中开展走访调查，征集破案线索。

众人拾柴火焰高。终于，在侦查人员的多方打听下，一条有价值的破案线索出现了。有村民向警方反映：被害人谭红在案发当晚并不是在自己家住。这一消息震惊了侦查人员。一种合理的推理是：谭红的尸体被发现吊于自家，如果被害人谭红案发当晚不在自己家，那么其在留宿之地被害的可能性较大。侦查人员进一步认定：由于案发现场并非尸体发现现场，故被害人很有可能是被强奸杀害后转移至自己家中，这需要凶手有充足的作案时间并且对于当地村民的住所较为了解；由于谭红的父母也于当晚在家中被杀害，这说明凶手必然认识被害人谭红及其家人。种种迹象均指明了一个破案方向：这桩"灭门案"，很大可能是同村的熟人所为。

案件侦破终于有了明确的前进方向。在顺着线索"顺藤摸瓜"时，一名叫谭修义的男子进入了侦查人员的视野。

谭修义，是河南省周口市商水县谭庄镇前谭村生产队的一名会计，是土生土长的本地人。谭修义从小在村子里长大，老实诚恳，对人真诚热心，没有什么不良的嗜好，更没有什么劣迹、前科。谭修义在村里有口皆碑，受到其他村民的尊重。谭修义还有一个稳定、和谐的家庭，妻子贤惠能干，有两个女儿、一个儿子，一家五口过着幸福平静的生活。这么一个"老好人"，为什么最终被警方确定为犯罪嫌疑人呢？

原来，案发当晚，被害人谭红不在自己家中，她没有去其他地方，恰好就在谭修义家中借住。警方怀疑：谭修义在谭红借住期间将其奸杀，在消除犯罪痕迹后将谭红的尸体运往谭红家，在谭红家伪造谭红上吊的假象，并且为了防止谭红父母发觉犯罪行为一并将谭红的父母杀害。接下来，警方的调查以此为方向展开，终于取得了丰硕的"战果"。最终，在案发后的第5天，谭修义被警方从家中带走，作为"7·16商水强奸杀人案"的"凶手"，其29年的牢狱之灾自此开始。

（二）法庭喊冤，救济无门

在谭修义被抓获后，国家司法机关一刻不停地推进商水县发生的这一桩重大要案的审理程序。1993年，时年39岁的谭修义被警方带走，而其能够和家人再次见面时，就已经是1999年12月的一审时了。其中的6年间，究竟发生了什么我们无从知晓。但无论如何，在1999年12月的一审宣判时，听到自己因犯故意杀人罪、强奸罪而被判处死刑缓期执行时，谭修义还是坚信自身的清白，当庭喊出了不服。

当庭喊冤并没有使得一审法官为其停留。当一审判决的内容口耳相传至村里后，村里立刻炸开了锅，"真是知人知面不知心""老实巴交的谭修义竟如此歹毒"。面对谭修义的声声喊冤，社会的应对也是冷酷的。"将死之人求饶的话不可采信""早知今日，何必当初""将同村三口灭门，死有余辜""如果不是你干的，那是谁干的？""毕竟有人被杀害了，总得有人要承担责任"。在阵阵声讨中，再坚定的信念也难免不被动摇。长期监禁的生活也愈发使得人心麻木、钝感。但一丝火光始终在谭修义心中摇曳，"人真的不是我杀的，我没罪"这一最为朴素的正义理念成了谭修义申冤的直接动力。

谭修义的第一次申冤是在一审宣判后。谭修义对一审判决提出了上诉。随后，案件来到了管辖二审的河南省高级人民法院。二审法院审查了本案，认为本案确实存在疑点，谨慎起见，将案件发回一审法院重审。二审法院的发回重审给予了谭修义一线希望，但重审的结果却是更为残酷的。2002 年 1 月，河南省周口市中级人民法院对"谭修义案"再次作出判决，判处谭修义死刑缓期执行。同一法院的两次死刑判决将仅有的生机破坏殆尽，而"第二次死缓判决"上诉被驳回更是使得谭修义的审级救济完全用尽。谭修义面临的，是明知有错却无法改正的判决、是明明有冤却无法再提的无奈。

（三）柳暗花明，冤屈终得雪洗

审级救济的丧失使得谭修义几乎陷入绝望。本想认命的他在听闻了家中的噩耗后，朴素的正义观被再次激起。就在谭修义入狱后不久，谭修义的母亲因为伤心过度而离开了人世，他的两个女儿由于不堪面对指责，选择早早辍学远嫁他乡。家中的儿子也因为父亲的"罪行"，在学校受到霸凌，变得疯疯癫癫，最终因食用垃圾桶里的食物而中毒身亡。[①] 听到家里传来的声声噩耗，老实本分的谭修义再也无法忍受。谭修义决定证明自己的清白，给自己一个交代，给因自己而染上不幸的家人一个交代。

在审级救济已经用尽的情况下，通过司法进行申冤的方式仅有再审了。但提起申诉并被受理谈何容易！在 2016 年 12 月，谭修义向河南省高级人民法院提起申诉，但其申诉被法院驳回。谭修义并没有心灰意冷，在 2017 年，谭修义向河南省人民检察院申请再审抗诉。这一次，谭修义的冤屈终于有了雪洗的机会。但河南省人民检察院起初在收到申请时却很是无奈：一宗 20 多年前的旧案，即使想"翻案"，审查难度也是比较大的。加上错案导致的司法责任的产生，司法机关为了追求"司法团队"的和谐关系不愿得罪"隔壁公司"，对"未发现真凶"的冤假错案进行纠

---

① 陈有谋：《被控杀害一家三口服刑 29 年改判无罪，谭修义申请国家赔偿 1749 余万》，华商网：https://baijiahao.baidu.com/s?id=17546214388824115537&wfr=spider&for=pc，2023 年 12 月 20 日访问。

正的阻力可想而知。

新时代以来，随着"呼格吉勒图案""聂树斌案""赵作海案""张玉环案"等一系列冤假错案被纠正，我国司法坚持"有错必纠"的理念得以深入体现。自 2020 年以来，"努力让人民群众在每一个司法案件中感受到公平正义"的号召空前响亮，在追求"发现客观真实、追求客观真实"的"实事求是"司法认识观语境下，冤假错案的存在已经成了阻碍司法公正实现的最大的污点。要让公平正义可以被感知、被接受，"司法为民"的理念才有存在、发展的空间。在这些因素的综合影响下，检察院愿意有所作为，敢于"翻旧账"。终于在 2020 年，河南省人民检察院得出了审查结果：认定该案事实不清、证据链不完整，依法向最高人民检察院提请抗诉。这一结果，使得再审有了检察院的全力支持。在 2022 年 3 月 16 日，最高人民检察院向最高人民法院提出再审抗诉，成功启动了"谭修义案"的再审纠错程序。[①] 最高人民法院其后指令河南省高级人民法院对本案进行再审。2022 年 12 月 16 日，河南省高级人民法院作出最后判决：判决被告人谭修义无罪。时隔 29 年，谭修义终于被无罪释放。

29 年，历经 10744 天，谭修义终于带着无罪判决回到了家。然而物是人非，谭家早已因为此案支离破碎。纵使有了无罪的结果，有些已经失去的事物却再也无法回来了。2023 年 1 月 10 日，谭修义申请国家赔偿 1749 万元。2023 年 9 月 19 日，谭修义已获得 787 万余元国家赔偿。金钱的赔偿或许可以补偿身体上的苦痛，但却无法换回失去的年华。

二、法理分析：冤假错案的形成机理

被关押了 29 年之久的谭修义获得了自由。"谭修义案"再审无罪，

---

① 代睿：《最高人民检察院抗诉一起 29 年前强奸杀人案　申诉人被控杀害一家三口至今仍服刑》，新浪网：https://finance.sina.com.cn/jjxw/2022-03-23/doc-imcwiwss7617885.shtml，2023 年 12 月 20 日访问。

这不仅是对一个个案的纠错，也是对整个法治程序的一次反思。回顾"谭修义案"，我们可以说，"谭修义案"是一宗"非典型"的冤假错案。其"非典型"体现在"谭修义案"的纠正既不存在"真凶再现"，又不存在"亡者归来"这些"板上钉钉"式的错案情节。必须承认的是，在谭修义被改判无罪后，"7·16商水强奸杀人案"的真凶至今未被捉拿归案，谭红及其父母的死亡至今无人承担相应罪责。但是，我们不能仅仅因为无人承担罪责、被害人方需要弥补物质与精神损害等原因就不顾一切地将有嫌疑之人直接视为凶手，我们也不能因为缺乏明确罪证、无法排除他无作案嫌疑而把犯罪嫌疑人直接"内心定案"。一些重大的司法理念需要澄清，一些关键的要点需要说明，这不仅是为了纠正个案，更是为了中国法治长久的发展与繁荣。

（一）无罪推定

之所以说"谭修义案"是一个冤案，其根本原因是源于"无罪推定"这一最为重要的现代刑事司法理念。无罪推定，其英文表述为 Presumption of Innocence，文本直译为"假定无罪"或是"假设清白"。本质上来说，"推定"是一种实现从"已知信息"到"未知信息"的方式，而"假定"则是一种实现从"信息知晓程度不明"状态到"信息明确"状态的方式。两者最大的区别在于前提信息是否明确、清楚这一点。在无罪推定的适用实践中，由于案件未经法院判决，谁也不能说犯罪嫌疑人是一定有罪或者一定无罪的，即使现有证据足以证明他的罪行或清白。但如若否认了法官对是否有罪的最终的、最权威的裁断权，那无疑是否认整个司法程序，无罪推定产生与适用的基础也将不复存在。故此，尽管生活中、实务中甚至学界都在说的"无罪推定"，其在本质上是一种"无罪假定"。为什么会产生这种偏差呢？有学者认为，"无罪推定"这一术语翻译、引入我国的时间较早，由于缺乏体系性认识，文本翻译有所偏差。在长此以往的术语运用中，人们形成了习惯，"无罪推定"这一表述自然也就固定了下来。①

通过上文，我们可以知道，"无罪推定"理念其实是一种"舶来品"。我国古代的司法，长期坚持封建"纠问制"的诉讼构造，其特点是，法官在审理案件时主动纠察、盘问，被告人没有诉讼权利可言，仅是受审的对象、义务的承担者。这种诉讼构造使得诉讼权利、义务安排不平等、不平衡，法官主导程序。回想一下古时的"包公判案"就可以知道，在那种"被告跪堂前"的情形下，被告主张自己"无罪"甚至让判官主动相信自己"无罪"是一件多么荒谬之事！可以说，我国封建的土壤根本无法生长出"推定无罪"的种子，其结果是，绝大部分案件被告均被判处有罪。这一封建"纠问制"的理念根深蒂固，影响深远。这使得法官对"堂下"的被告人毫无同情、理解、尊重之意，一些原本无罪的被告人也被当作有罪来受审。

"无罪推定"最早的起源可以追溯至古罗马法。"有疑，为被告人的利益"和"一切主张在未证明前推定其不成立"这两项著名原则即是对"无罪推定"最早的解读。古罗马法从"存疑有利于被告""贯彻证明责任"两个方面阐发了"无罪推定"的含义。贝卡利亚的著作《论犯罪与刑罚》中也说明了"无罪推定"的核心内涵，即"在法官判决之前，一个人是不能被称为罪犯的。只要还不能断定他已经侵犯了给予他公共保护的契约，社会就不能取消对他的公共保护"。②贝卡利亚进一步指出："犯罪或者是肯定的，或者是不肯定的。如果犯罪是肯定的，对他只能适用法律所规定的刑罚，而没有必要折磨他，因为他交代与否已经无所谓了。如果犯罪是不肯定的，就不应折磨一个无辜者，因为，在法律看来，他的罪行并没有得到证实。"③贝卡利亚的这一思想，深刻塑造了近代以来刑事法学的面貌，尽管贝卡利亚并不是最早关注犯罪嫌疑人、被告人利

---

① 何家弘：《从自然推定到人造推定——关于推定范畴的反思》，载《法学研究》2008 年第 4 期。

② ［意］切萨雷·贝卡利亚：《论犯罪与刑罚》，黄风译，北京：商务印书馆，2018 年，第 22 页。

③ ［意］切萨雷·贝卡利亚：《论犯罪与刑罚》，黄风译，北京：商务印书馆，2018 年，第 22 页。

益的学者，但其"罪刑法定""罪刑相适应""主张废除死刑"等观点极为鲜明地为我们指明了刑事法治的文明之路。"无罪推定"这一理念也得到了世界范围内的广泛认可，如法国大革命的产物《人权宣言》第九条规定："任何人在宣判有罪之前应当视为无罪。"再如1895年美国联邦最高法院通过案例明确宣布了在刑事司法中实行"无罪推定"的原则："有利于被告人的无罪推定原则是无可置疑的法律，是带有公理性质的和最基本的，它的执行是我国刑事司法最根本的内容。"不仅域外国家以立法或者规范性文件的方式直接明确了这一理念，众多国际条约也规定了其成员国应当尊重这一理念。我国加入的《公民权利和政治权利国际公约》第十四条第二款规定："凡受刑事控告者，在未依法证实有罪之前，应有权被视为无罪。"可以说，"无罪推定"这一理念由来已久，在世界范围内被广泛接受、认同。

就"无罪推定"的内容而言，最为狭义的"无罪推定"是指禁止法院对被告人的有罪预断。一般意义上的"无罪推定"原则除了包含上述要点外，还包含了与证明有关的两项内容。第一是举证责任的明确规定，无罪推定要求将未经审判的犯罪嫌疑人、被告人视为无罪，因此，犯罪嫌疑人无须证明自己的行为是否有罪，证明有罪的责任由作为控方的检察官负责。这一点也是我们常说的"不强迫任何人证明自己有罪"的来源。第二是证明标准的规定，即检察官证明犯罪嫌疑人、被告人有罪时应当达到法定的证明标准，如无法达到法定的证明标准则检察官需要承担败诉的风险。"非有罪预设""明确的证明责任"与"法定的证明标准"，此三点构成了一般意义上"无罪推定"的核心条款。[①]实践中，"无罪推定"是通过证据的有关规定，使得"非罪待遇"能够得以实现、保障。"无罪推定"的内涵并不是封闭的，如美国通过司法实践确立的"米兰达警告"确立犯罪嫌疑人、被告人的沉默权与讯问时的律师在场权，这些权利保障的规定也被视为对"不强迫自证其罪"的一种发展。

[①] 杨宇冠：《重论无罪推定》，载《国家检察官学院学报》2005年第3期。

作为法治后发型国家，我国对"无罪推定"的认识是晚于西方国家的，这一理念的确立也是渐进而曲折的。1957年的《中华人民共和国刑事诉讼法（草案）》（以下简称《刑事诉讼法（草案）》）作为我国第一部《刑事诉讼法》的雏形与前身，其第五条规定："被告人在有罪判决发生法律效力以前，应当假定为无罪的人。"这一规定是"无罪推定"的明确表述。但1957年的这一草案始终没有得到立法正式确认。1979年的《刑事诉讼法》未将这一理念纳入法律条文之中，但是我们总结出了一些重要的刑事司法理念，如"专业机关办理刑事案件""以事实为依据，以法律为准绳""分工负责，互相配合，互相制约"等观念为刑事法治的建设提供了一些有益的借鉴，我们也明白了程序法治的重要性。1996年，我们对1979年《刑事诉讼法》进行了修正。1979年《刑事诉讼法》第十二条规定："未经人民法院依法判决，对任何人都不得确定有罪。"这一条款得到了其后的2012年修正、2018年修正的保留。这一规定，相较于1979年法律而言，有了极大的进步，但相较于1957年草案的表述，则显得步伐稍小。

陈卫东教授主编的《模范刑事诉讼法典（第2版）》第四条将无罪推定表述为："任何受到追诉的人，在被人民法院依法最终判决有罪之前，推定为无罪。"[1] 而我国现行2018年《刑事诉讼法》延续1979年《刑事诉讼法》的表述，其与"标准文本"的差别在于是否存在"被判决有罪"这一时间节点。如若依照文义解释，对于1979年《刑事诉讼法》第十二条的解读就很容易理解为"法院享有最终的定罪权"这一点。但这种理解是片面的。全国人民代表大会常务委员会法制工作委员会刑法室王爱立主任在其主编的《中华人民共和国刑事诉讼法释义》中认为："其中吸收了无罪推定原则的合理成分，是在对刑事诉讼执行的经验教训总结的基础上提出的。"[2] 其实，我国关于"无罪推定"的具体规定分散在《刑事诉讼法》的其他条文中，这不同于域外的立法例。除了本条规定的

---

[1] 陈卫东主编：《模范刑事诉讼法典（第2版）》，北京：中国人民大学出版社，2011年，第3页。
[2] 王爱立主编：《中华人民共和国刑事诉讼法释义》，北京：法律出版社，2018年，第19页。

"定罪权归属"外，我们在证据制度中也规定了证明责任问题，我们在审判制度中也规定了无罪判决的情形。我国独具特色的立法模式，使得"无罪推定"的精神得以贯彻、"无罪推定"的具体制度得以保障。但是，必须承认的是，我国关于"无罪推定"的保障还较为薄弱。"除了分配证明责任以外，'无罪推定'还意味着分权与制衡机制、犯罪嫌疑人、被告人权利保护机制等一系列制度。恰恰是在这方面，我国现行刑事司法体制仍然很不完善，比较明显的问题是，第一，犯罪嫌疑人、被告人并不享有沉默权，而是在面对讯问时必须如实回答；第二，在侦查阶段，犯罪嫌疑人在司法实践中普遍不能获得律师帮助，尤其是在讯问时不享有律师在场权，从而无法真正行使应当享有的辩护权；第三，我国的逮捕羁押机制尚未完全司法化，导致司法实践中批捕率普遍较高，审前羁押率令人咋舌；第四，检察机关、公安机关和审判机关之间的一些非程序性往来，有时候会架空刑事诉讼法规定的分权与制衡机制；第五，被告人的对质权不能得到保障，公正审判权有所缺失。"[①] 正如学者所言，我们距离"无罪推定"理念的全面实现，还有很长的一段路要走。

另外，纵使"无罪推定"理念在法律文本上、制度上有了长足的进步，当下的司法认识观能否将其嵌合其中、社会一般民众能否接受还是值得讨论的。

对于第一个问题，我国现行《刑事诉讼法》第二条，规定了我国刑事司法的认识观，即要"准确、及时地查明犯罪事实"。这一认识观在1979年立法时就已经被明确，彭真同志称为"实事求是"的认识观。固然，犯罪嫌疑人、被告人对于犯罪行为仅有实施过、未实施过两种形态。如果他真的未实施犯罪行为，"无罪推定"对他的保护是理所应当的，给予他"非罪犯化"的处遇也是实事求是的选择。但是，如果他真的实施了犯罪行为，纵使给予他"无罪推定"的保护，也会因为"缺乏客观事实支撑"而显得稍有牵强，但给予他"非罪犯化"的处遇则绝非实事求

---

① 易延友：《论无罪推定的涵义与刑事诉讼法的完善》，载《政法论坛》2012年第1期。

是的选择。对此，有学者论证："无罪推定则要求司法人员不能主观臆断，并为防止司法人员的主观臆断设置了一系列制度措施，对司法人员的权力进行制约，以尽最大可能地防止无辜者遭受冤屈。可以说，"无罪推定"恰恰是从规范的层面，保证了司法人员能够在办案过程中实事求是。也可以说，"无罪推定"是对犯罪嫌疑人、被告人提供的一种规范层面的待遇，实事求是则是对司法人员在追求实体真实方面，从事实层面提出的要求。二者殊途同归，相得益彰。"① 我们在认识"无罪推定"理念时，必须着眼于程序层面，应当看到应然与实然之间的区别，而不是为了可望而不可即的"镜花水月"放弃对基本权利的保障。

对于第二个问题。我国封建"纠问制"的传统使得"无罪推定"这一股"新风"难以吹入中国大地，难以真正吹入每个老百姓的心坎。许多老百姓，包括一些执法人员，坚定地把犯罪嫌疑人、被告人等同于有罪之人，尤其是在某个引起民愤的案件发生之后，只要抓到犯罪嫌疑人，经过媒介的宣传，很多人就已经把犯罪嫌疑人与有罪的人等同起来了。从而导致无论是在舆论方面，还是在诉讼程序之中，许多犯罪嫌疑人、被告人已经被当作有罪的人对待。例如，在云南"孙万刚冤案"中，当地民众要求严惩凶手的呼声很高，给办案人员造成了很大压力。"张玉环案"中也同样如此，被害人的父母上书司法机关，写明"撤回民事诉讼，不要赔偿，要求政府严惩凶手张玉环"②。正是民众这些朴素的法感情与正义观念，使得他们把犯罪嫌疑人看作真正的凶手，从来都不相信被抓的"人犯"会有无罪的可能。由此，他们不能接受放纵任何一个有嫌疑的人，尤其是在只有一个确定的犯罪嫌疑人的情况下。

综上，我国立法虽然以分散模式规定了"无罪推定"，但其理念、制度仍较为粗疏。作为刑事法治现代化的一个标志，"无罪推定"应当被认同，尽管这一过程漫长而曲折。如果放弃这一种"后天性的假定"，

---

① 易延友：《论无罪推定的涵义与刑事诉讼法的完善》，载《政法论坛》2012年第1期。

②《今日说法》：《无罪归来》，央视网：https://tv.cctv.com/2020/12/24/VIDEtux3dn2j qKxD2 foHiFrQ 201224.shtml?spm=C31267.PdQGws28DOXv.E25JptH8Kkey.22，2023年12月20日访问。

那么每个人一旦被确定为犯罪嫌疑人都将人人自危，社会的安定性无法从根本上实现。当下，"有罪推定"的看法虽然不再多见，但"疑罪从轻""疑罪从挂"等衍生品却屡见不鲜。"无罪推定"具体到"谭修义案"中，就是现有证据无法证明谭修义的罪行达到"事实清楚、证据确实充分"的证明标准，无论是否已经查获了真凶，都应当出于"实事求是"的认识观，认定谭修义是无罪的。

（二）"由供到证"与"印证"

有学者经过研究认为："众多冤假错案，几乎毫无例外地均存在刑讯逼供的情形。"[①]我国《刑事诉讼法》早已将"严禁刑讯逼供"直接写入法条之中，但实践中刑讯逼供仍然是屡禁不止。在"谭修义案"中，尽管没有司法人员因为刑讯逼供而承担相应的法律责任，但让一个本无罪行的人交代"无中生有"的罪行，如果其中不存在"猫腻"的话是难以解释的。

刑讯逼供是我国刑事司法的一大"顽疾"，不仅让立法者头痛，更让无数的犯罪嫌疑人直接感受到了司法的不公。在云南"杜培武案"中，杜培武在法庭上当众掀开身上的衣物，指证侦查人员打人。在"张玉环案"中，张玉环讲警察对他的刑讯逼供持续了六天六夜，用了吊、打、针扎等让人极为痛苦的手段来讯问。[②]当下，尽管我们所看到的冤假错案大多是一些"陈年旧案"，但切实阻断刑讯逼供对案件的影响，可以让未来的刑事司法不犯错误、少犯错误。

刑讯逼供发生的前提是"故事构造"，而其末端是"由供到证"。我国现行《刑事诉讼法》第五十五条第一款规定："对一切案件的判处都要重证据，重调查研究，不轻信口供。只有被告人供述，没有其他证据的，

---

①陈永生：《我国刑事误判问题透视——以20起震惊全国的刑事冤案为样本的分析》，载《中国法学》2007年第3期。

②杨百会：《独家对话张玉环案律师王飞：冤案是如何被制造出来的？》，载《中国经济周刊》2020年8月15日版。

不能认定被告人有罪和处以刑罚；没有被告人供述，证据确实、充分的，可以认定被告人有罪和处以刑罚。"可以说，仅有口供而缺少其他证据，犯罪是无法被认定的。一个事实是，仅有刑讯逼供是难以直接产生冤假错案的，冤假错案的产生背后往往还有"由供到证"的侦查模式的支撑。

犯罪侦查存在两种模式：第一种是"由证到供"模式，这种模式是指侦查人员在办案时要优先收集口供之外的证据，收集到的证据能够证明犯罪事实存在，犯罪嫌疑人实施了该犯罪行为后，再对犯罪嫌疑人的供述与辩解进行收集与审查。这是一种由客观走向主观的方式，因其"先取证，后抓人"，故对于口供的依赖性有所降低。第二种是"由供到证"模式，这种模式是指侦查人员在犯罪行为发生后，就想方设法地去追查犯罪嫌疑人，在抓获犯罪嫌疑人之后就开始全力"突破口供"，通过犯罪嫌疑人的口供来进一步搜集并补足有关证据。这是一种由主观走向客观的方式，因其"先抓人，后取证"，故对于口供的依赖性是很强的，能否获得犯罪嫌疑人的有罪供述往往就成了本案能否侦查终结的关键所在。在"由供到证"的侦查模式中，口供以外的证据均是服务于口供的，故很少能看到证明无罪、罪轻的证据。当供述与现有证据发生冲突时，侦查人员仅有两种选择：一是改变客观证据，使得两者相同，但这会导致口供之外的其他证据被伪造、销毁；二是改变口供，使得口供能够应照其他证据，但这又会导致刑讯逼供的发生。

"由供到证"的侦查模式在众多冤假错案中均有体现。在"张玉环案"中，张玉环被刑讯逼供，最终只能配合侦查人员一起"编造犯罪故事"，当"犯罪故事情节"与事实不符时，张玉环被要求改变供述重新作出有罪供述，直到"编造的犯罪故事"与事实完全相符时，张玉环才完全脱离了刑讯逼供的苦海。在"呼格吉勒图案"中，呼格吉勒图所作自己曾"采取卡脖子、捂嘴等暴力方式强行猥亵被害人杨某某"和被害人"穿高领秋衣"的供述与客观证据能够相互印证。但事实上，在"呼格吉勒图案"中，证据的印证得出的是完全错误的事实判定。① "由供到证"的侦查模式是我国"印证"证明模式的一种体现。而"印证"证明模式尽管有着良好的目的、初衷，但其在实践运作中却催生了大量问题。

"印证"一词出现在规范性法律文件中的历史并不久远，但实际上印证早已成为制度的惯习。2010 年发布的《关于办理死刑案件审查判断证据若干问题的规定》（法发〔2010〕20 号）的 8 个条文中"印证"出现了 11 次，而其后 2012 年《最高人民法院关于适用〈中华人民共和国刑事诉讼法〉的解释》（法释〔2012〕21 号）的 7 个条文中"印证"出现了 10 次。司法实务界的关注使得"印证"模式被学术界所关注。"印证"在字典中被解读为"通过对照比较，证明与事实相符"，即"两相照应"。在"印证"证明模式下，单个证据不足以定案，必须获得相互支持的其他证据，即内含信息同一性的其他证据，才能认定案件事实。② "印证"证明既是一种证明力判断规则、证明标准，也是一种证明方式。有学者认为，"印证"模式在实践操作中的问题容易出在对"口供与其他证据"印证一致的事实认定情形中。从"沿印求供"，进而"印证一致"的取证顺序、取证逻辑很容易使证据体系的可靠性主要建立在犯罪嫌疑人、被告人供述等主观性证据的获取方面。③ 而当下被理论界、实务界所广泛认同的"印证"模式，在本质上是一匹后患无穷的"特洛伊木马"。

我国宪法规定了"公、检、法三机关分工负责、互相配合、互相制约"的原则，而在实践中，这一原则异化为"分工不明、配合有余、制约不足"的现状。检察机关的审查逮捕、审查起诉，甚至法院的审判与定罪量刑都不可避免地、或多或少地受到侦查活动的影响。这种影响，通过侦查活动中所形成的、具有良好的书面化权利外观的、具有推定的

---

① 左卫民：《"印证"证明模式反思与重塑：基于中国刑事错案的反思》，载《中国法学》2016 年第 1 期。

② 龙宗智：《印证证明与自由心证——我国刑事诉讼证明模式》，载《法学研究》2004 年第 2 期。

③ 左卫民：《"印证"证明模式反思与重塑：基于中国刑事错案的反思》，载《中国法学》2016 年第 1 期。

证据能力与证明力的侦查卷宗来实现。书面化侦查卷宗的传递，使得侦查机关对于犯罪嫌疑人、被告人有罪的侦查倾向得以延续至下一个"司法流水线"，一种"侦查中心主义"的司法过程就此形成。① 而"印证"的单方面特征就是"侦查中心主义"的产物。这一"单方面"表现在司法机关在诉讼程序中的主导性与犯罪嫌疑人、被告人、辩护人程序参与的非实质性。在"司法流水线"上，"原料"由侦查机关提供，在"分工负责、互相配合、互相制约"的原则下，检察机关对"原料"进行"加工"，这种"加工"使得案件的方向更加鲜明，有罪的证明更加完善，一些所谓的"不利于实现诉讼目的"的证据材料在这一过程被去除，形成了一种"半成品""夹生饭"。案件来到法院，法院面对这一"夹生饭"也很是头疼：现有的证据表明，被告人很可能不是有罪的，但如果不判有罪的话，对"隔壁公司"就无法交代。最终，这一流水线将所有压力都转移给了法院，造成了一种"骑虎难下"的困局。我们说，"印证"证明模式下证据的高度偏向性，"流水线"的诉讼过程倾向于生产一系列有罪证据的构成锁链，且来源单一的证据基本上形成了一套具有一致性的有罪证明体系。在这种背景下，印证面临的基本格局是如何"印证"有罪证据之间的"互证"与自我强化。② 另外，遗憾的是，犯罪嫌疑人、被告人、辩护人所具有的诉讼地位根本难以打破这一"有罪传递"的"流水线"。当下律师辩护率较低，审前的律师参与率更是不忍直视，在缺少"可靠队友"的情况下，犯罪嫌疑人、被告人需要独自一人面对强有力的权力主体，期待有效的无罪申辩根本就是在强人所难。

在"谭修义案"中，"印证"所带来的消极影响也是显著的。根据最高人民检察院于 2022 年 3 月制作的抗诉书，证明谭修义作案的客观证据是缺失的，当年给谭修义定罪的证据其实仅能证明犯罪事实已经发生，即谭红与父母被杀害。这一点使得证明"链条"断裂，这一桩"灭门案"

---

① 陈瑞华：《论侦查中心主义》，载《政法论坛》2017 年第 2 期。

② 左卫民：《"印证"证明模式反思与重塑：基于中国刑事错案的反思》，载《中国法学》2016 年第 1 期。

尽管客观上存在，但却无法与谭修义联系起来。"谭修义案"是典型的"口供中心主义"案件，除了谭修义的有罪供述外，其他证据均无法指向谭修义犯罪这一点。仅有的口供也存在相互矛盾、无法与客观事实印证的问题。如最高人民检察院制作的抗诉书中载明，谭修义供述其行凶作案时被害人谭红穿的是裤子，而尸检报告与证人证言却表明，被害人谭红案发当天穿的是裙子。谭修义强奸时间不能认定，强奸行为无法被证明。另外，谭修义在杀人时使用的工具并不明晰，多份笔录之间出现相互矛盾的情况。最终，河南省高级人民法院在再审中认定：谭修义有罪供述存在供证矛盾，真实性存疑，不予采信。除有罪供述外，无其他直接证据证明其犯强奸罪和故意杀人罪。客观证据不具有唯一性，间接证据不能形成完整证据链条。在案证据尚未达到确实充分的法定证明标准。谭修义犯故意杀人强奸罪的事实不清，证据不足。可以说，"谭修义案"中，通过刑讯逼供的手段构造的"犯罪故事"最终未能得到"完美的演绎"，主观与客观之间未能相互印证，使得这匹"特洛伊木马"最终得以显现。

"印证"模式尽管也是排除证据之间矛盾的一种方式，是保证案件证据事实可靠的一种手段，[①] 但其在司法实践中却催生了众多问题。那如何破除"印证"模式所带来的不利影响呢？有学者认为，我们应当引入正当程序的理念，实现印证过程的精细化、理性化的基本要求。首先，要重视对单个证据的审查判断。以往的印证强调"证据链条"的完整性、连贯性，而忽视对证据链上每个元素的细致审查。在"循供求证"或"循证求供"的侦查实践中，虚假的供述与虚假的证据之间同样能够形成印证，甚至是完美的印证。[②] 历史经验告诉我们，细节决定成败，不重视对于单一证据客观性、合法性、关联性的审查，多么宏伟的证据体系都将"溃于蚁穴"。其次，重视辩方证据，给予其在印证中相同的地位与作

---

① 陈瑞华：《刑事证据法学》，北京：北京大学出版社，2012年，第335页。

② 左卫民：《"印证"证明模式反思与重塑：基于中国刑事错案的反思》，载《中国法学》2016年第1期。

用。在"侦查中心主义"的影响下，侦查机关的有罪预断通过"司法流水线"得以层层传递，侦查卷宗所具有的显著偏见将会单方面地决定法官的决策。破除"单轨制"的信息来源，这需要辩方的积极参与。不仅要保障辩方的举证权，还要使得辩方的证据能够被平等地接受。这既有利于打破信息被垄断的局面，也有利于丰富决策信息，破除信息的不对称性。再次，实现庭审的实质化。实质化的庭审使得"印证"模式也会被"二次检验"，这为破除单方面有罪印证提供了良好的契机。重视庭审的直接言词性，禁止各方宣读书面材料来替代口头发言，让证据之间存在的逻辑漏洞在发言中无处遁形。对于关键的、双方有重大争议的证据，不应一笔带过，应当以"一证一举"的方式进行举证，保障辩方有机会充分参与质证环节。最后，要完善相关证据规则。破除"印证"模式的不良影响，关键不在于让侦查机关客观办案，而在于如何将不客观的证据在庭审时"适度切断"。要进一步完善非法证据排除程序，切断刑讯逼供得来的口供对法官先入为主的影响。要积极推动证人出庭作证，真正落实传闻证据规则，让大量难以被操纵、具有新鲜性的证据更多地进入诉讼程序之中，让书面的证人证言与口供不再成为庭审的中心。

客观上讲，"印证"模式的推行使人们明确认识到了"口供中心主义"的危害，能在一定程度上减少仅有单一的有罪供述所产生的冤假错案，有利于贯彻证据裁判原则。但实务中所讲的"铁案"却自始至终没有得以实现，"印证"模式下，冤假错案还在出现。究其原因，是其证明的非正当化、非精细化所致的。在"印证"证明方式之下，法官的审判是建立在案卷基础之上的，而在案卷笔录中心主义和口供中心主义之下，证据之间特别是被告人供述与证人证言之间不相印证的情形毕竟属于少数。① 在"完美印证"与"完全不完美的印证"之间，刑讯逼供有了存在的空间。合理看待"印证"模式，我们才能正确地认定证据，才能实现真正意义上的证据裁判原则。

---

① 陈卫东：《从关键证人回归必要证人：关键证人出庭作证逻辑反思》，载《法学研究》2023年第6期。

（三）"留有余地"与"从缓""从挂"

在"谭修义案"中，谭修义于 1993 年被确定为犯罪嫌疑人，直到 1999 年才进行一审。其中的时间间隔竟然有 6 年！这 6 年间，诉讼程序能有什么实质性进展呢？犯罪嫌疑人就如此这般地被平白无故地"缓刑"了 6 年。有人说，这是司法机关效率低的体现，固然如此，但在司法机关怠于作为的这 6 年中，谭修义却是一直处于被羁押的状态。其他冤假错案也告诉我们：审前的长期羁押并不是个例。举例来说，仅在已经平反的冤假错案中，赵作海从 1999 年 5 月 10 日被抓捕到 2003 年 2 月 13 日法院判决生效，一共被羁押了 3 年零 9 个月；佘祥林从 1994 年 4 月 11 日被抓捕到 1998 年 9 月 22 日判决生效，一共被羁押了 4 年零 5 个月；李怀亮从 2001 年 8 月 7 日被抓捕到 2013 年 4 月 25 日被无罪释放，一直处于未决羁押状态，时间长达 11 年零 8 个月。在更长的审前羁押时间中，案件却未得到更为妥善的处理。过长的审前羁押在实质上成了束缚审判的一道"枷锁"。

为什么会产生这种审前不合理的拖延呢？原因在两方面：一方面是超期羁押的普遍存在；另一方面是"疑罪从缓""疑罪从挂"思想在作祟。以下将对这两点进行具体分析。

第一，超期羁押。根据我国《刑事诉讼法》规定，犯罪嫌疑人在批准逮捕之前的羁押期限最多是 37 天。在 1996 年修改《刑事诉讼法》之前，公安机关经常采用期限更加宽泛的"收容审查"来代替"刑事拘留"，变相延长了犯罪嫌疑人在批捕之前的羁押时间。例如，在"滕兴善冤案"中，犯罪嫌疑人滕兴善于 1987 年 12 月 6 日被"收容审查"，直至 1988 年 9 月 2 日才被批准逮捕，其捕前羁押时间近 9 个月。对于逮捕之后的羁押期限，1996 年修订的《刑事诉讼法》第一百二十四条规定："对犯罪嫌疑人逮捕后的侦查羁押期限不得超过二个月。案情复杂、期限届满不能终结的案件，可以经上一级人民检察院批准延长一个月。"第一百二十六条规定："下列案件在本法第一百二十四条规定的期限届满不能侦查终结的，经省、自治区、直辖市人民检察院批准或者决定，可以延长二个月：（一）交通十分不便的边远地区的重大复杂案件；（二）重大的犯罪集团案件；（三）流窜作案的重大复杂案件；（四）犯罪涉及面广，取证困难的重大复杂案件。"第一百二十七条规定："对犯罪嫌疑人可能判处十年有期徒刑以上刑罚，依照本法第一百二十六条规定延长期限届满，仍不能侦查终结的，经省、自治区、直辖市人民检察院批准或者决定，可以再延长二个月。"按照上述规定，从逮捕犯罪嫌疑人至侦查终结的期限最长可以达到七个月。此外，1996 年《刑事诉讼法》第一百三十八条规定，审查起诉的期限一般为一个月，重大、复杂的案件，可以延长半个月；第一百六十八条规定，一审的期限一般为一个月，可以延长一个月；第一百九十六条规定，二审的期限一般为一个月，可以延长一个月。按照上述规定，犯罪嫌疑人（被告人）在被逮捕后至判决生效的羁押期限一般应该在一年左右。但是，由于发回重审和补充侦查都要重新计算期限，所以完全按照法律规定"操作"，犯罪嫌疑人（被告人）被羁押的期限也可以达到一年半以上。即便规定如此，超期羁押的情况依然屡见不鲜。①

除了法律规定的问题外，实践中司法行政化的问题也是不容忽视的。有学者认为："实践中往往采取审批办案制度、案件请示制度、审委会集体决定制度等办案模式。采用行政化的办案模式能够有助于加强对个案法官的控制，在一定程度上可以看作是一种内控机制，有助于提升案件的质量。而且，集体决策办案方式还能够在一定程度上发挥规避办案风险的作用。尽管如此，行政化办案模式有其积极的一面，但是其却从根本上否定了法官的独立性，与司法权的本质属性不符。"②司法的行政化尽管有一定的好处，但那些却不是司法所要追求的。传统意义上，很多学者、实务工作者认为行政化相较于司法化具有更强的效率性，提出"追求司法性必然会损害效率性"的看法。司法行为在大众看来是一种"昂

---

① 何家弘：《当今刑事司法的十大误区》，载《清华法学》2014 年第 2 期。

② 陈卫东：《司法机关依法独立行使职权研究》，载《中国法学》2014 年第 2 期。

贵"的程序，它启动所耗费的成本高、程序运行旷日持久、各种权利救济的可能性使得最终结果的得出一拖再拖。如不深入思考，我们很容易就被这种观点所迷惑，进而认为司法自身的效率性显著不足。但是，这种观点是经不起推敲的。

理论上，迟到的正义缺少了对于效率的考量，公正仅是一种难以触及的抽象理念。罗尔斯曾言："仅仅效率原则本身不可能成为一种正义观。"[1] 也即是，司法效率必须依附于司法公正才能有实体意义。效率是实现公正的一种方式，如果刻意拔高了效率的意义使其凌驾于公正之上，纵然可以实现程序的迅速性，但其正当性与公信力将消失殆尽。另外，如果将效率置于公正之中考虑，那么公正的司法一定可以实现具有效率的结果。司法本身所具有的集中性与迅速性可以实现短时间内集中解决问题的效果。依托于"直接言词""集中迅速"的程序构造，法官能够在庭审中当场作出裁判并宣布，这也免除了法官在庭审后的工作。而对此，有学者提出庭审程序的实质化会增加诉讼成本，浪费司法资源。[2] 这种说法有夸大之嫌。因为，实质化的庭审程序降低了整个刑事诉讼阶段的司法成本。因为运用了正当的程序，判决作出后各方均会认同其结果，不服结果进而上诉、抗诉的现象就会减少。即使不认同该决定，他们也会发自内心地理解法官的工作，不会出现"闹访"等不理性的维权行为。这也降低了案件进入二审、再审的数量，提高了整个诉讼阶段的效率，[3] 实质上降低了"案－件比"。当下将行政化的因素在司法诉讼程序中过分地放大则会"自毁根基"，这不仅不能使得司法程序固有的效率性得以充分实现，而且还会将行政化所具有的"威权性""积极性""科层性"引入诉讼之中。这使得法官依附于法院这个集体，从根本上腐蚀了其独立性。而丧失独立性的结果就可想而知了，疑案的上下传递与层层

---

① ［美］约翰·罗尔斯：《正义论》，何怀宏等译，北京：中国社会科学出版社，1988年，第72页。

② 郭松：《质疑"听证式审查逮捕论"——兼论审查逮捕方式的改革》，载《中国刑事法杂志》2008年9月版。

③ 张泽涛：《构建中国式的听证审查逮捕程序》，载《政法论坛》2018年第1期。

审批，长时间的请示等行政因素使得司法效率低下，最终结果就表现为毫无作为。

第二，"疑罪从挂"与"留有余地"。"疑罪从挂"是指对于事实不清、证据不足，在定罪问题上存在一系列疑点的案件，法院长期拒绝审判，对案件审理进行无端拖延的现象。这种现象广泛存在于案情重大的凶杀案件之中。在"谭修义案"中，一审法院在谭修义被抓获后的第 6 年才开庭审判，其中的时间拖延，公安机关侦查阶段的拖延与检察机关审查起诉时的拖延或许是重要因素，但绝大部分的空白时间则是在法院审判阶段。法院为何会拒绝审判？ 在案件来到法院后的这几年空档期，法院又在干什么？

其实，"疑罪从挂"是"留有余地"的判决的一种副产品。对于造成多人死伤的恶性刑事案件来说，"从重""从快"在二十世纪是一直被坚持的处理方案。但实践中却并不如此。例如，在河北承德发生的连续两起抢劫杀害出租车司机的恶性案件中，陈国清等 4 名被告人从 1994 年第一次被判处死刑立即执行，其后历经河北省高级人民法院连续 3 次的发回重审，最终于 2004 年由河北省高级人民法院以 3 名被告人死刑缓期执行、1 名被告人无期徒刑的结果"留有余地"地了结了这起刑事案件。[①] 在甘肃安西发生的一起被告人涉嫌残忍杀害 3 条人命的恶性案件中，法院最终因为案件事实不清、定罪存在一些疑点为由判决被告人构成故意杀人罪却"留有余地"地选择了死刑缓期两年执行的量刑结果。[②] 在"张玉环案"中，为什么张玉环"犯下如此恶行"却可以"不死"，据再审律师王飞说："为什么判死缓，当时我们和办案的法官沟通过，他们也认同我们的观点，认为当时的情况下判张玉环故意杀人是证据不充分的。"[③] 可见，对于一些疑案，"能拖尽拖""能缓尽缓"才是实践中的倾向，"刀下

① 郭国松：《一个"留有余地"的死刑判决？》，载《南方周末》2004 年 4 月 1 日版。

② 王健：《"疑罪从无"还是"留有余地"？》，载《民主与法制》2006 年第 2 期。

③《今日说法》：《无罪归来》，央视网：https://tv.cctv.com/2020/12/24/VIDEtux3dn2 jqKxD2f oHiFrQ201224.shtml?spm=C31267.PdQGws28DOXv.E25JptH8Kkey.22，2023 年 12 月 20 日访问。

留人"相比于"狠心下判"更有"容错"的机会。

"留有余地"的判决并不是没有市场的，除了法官，一些学者也提出了支持的理由。如有学者认为，对疑案适用死缓的这种"留有余地"存在如下四点合理性根据。一是符合法律的规定。根据定罪要件与量刑要件区分说，在"留有余地"中，定罪要件一般是符合的，而量刑要件仅处于附属地位。二是体现了"存疑有利于被告"原则。在适用法律和认定案件事实存在模糊之处时，应作出有利于被告人的结论。这一原则应贯彻于整个刑事诉讼中，既包括已经能够证明的事实是否符合某一具体的构成要件或者适用刑法存在疑问时，也包括待证明的事实存在证据不足或是存在相互矛盾时。[1] 三是贯彻"少杀""慎杀"的死刑刑事政策。在"留有余地"中，尽管定罪情节确无争议存在的空间，但是量刑情节上却不可避免地存在瑕疵、缺陷，如果直接科以死刑立即执行则会导致刑罚畸重，罚不当罪。四是迫于现实。刑事证明活动因为受到主观与客观的制约，具有不可避免的相对性，法官不是上帝，通过支离破碎的证据重现的案件事实只不过是"水中之月""镜中之花"罢了，法律真实永远不能达到客观真实的地步。"留有余地"是一种无奈的选择，是在确定性与不确定性之间进行的妥协。[2] 值得注意的是，"留有余地"的判决并不是中国特有的现象。近年来，在美国，一种类似于"留有余地"的"剩余怀疑"制度被广泛关注、讨论。美国死刑案件中"剩余怀疑"制度被严格限定在死刑案件量刑程序的择刑阶段，其制度功能是更大程度地降低无辜被告被错误定罪的可能，因而不仅在实践中广泛存在，也被很多州的立法加以确认。对于被告人是否可以在量刑环节提出"剩余怀疑"，联邦最高法院大法官们也是将其上升到"宪法性权利"的高度进行讨论的。[3]

---

[1] 时延安：《试论存疑有利于被告原则》，载《云南法学》2003 年第 1 期。
[2] 王新清、李征：《论留有余地判处死缓案件——兼论判决结果的相对合理性》，载《中国刑事法杂志》2006 年第 2 期。
[3] 陈虎：《论剩余怀疑——兼论美国死刑案件"留有余地的判决"》，载《环球法律评论》2021 年第 3 期。

尽管如此，我们也要看到另一面，不能因为"留有余地"创造了一种容错的契机而全面认同其价值。我们应当认识到："留有余地"在本质上是"有罪推定"的产物。在"留有余地"的判决作出后，在被害方看来既然法院已经宣告被告人构成犯罪，而这种犯罪行为又是极其残忍并造成严重社会后果的，那么，不判处死刑立即执行就显然属于"重罪轻判"；在被告方看来，既然法院明确指出案件事实不清、证据不足，在认定被告人构成犯罪问题上存在明显的疑点，根据"疑罪从无"的原则就应作出无罪判决。但法院这种"疑罪从有"的判决显然违反了"无罪推定"原则。甚至在一些极端案件中，法院选择这种"留有余地"的裁判方式竟然"两头不讨好"，引发了被害方与被告方同时的申诉、上访行为。[①] 正如学者所说，在不重视刑事司法体制对司法错误总体动态平衡的制度构造之下，我国死刑案件中对定罪问题的所有疑问，都仅仅希望通过量刑减让的方式实现"留有余地"的判决，虽然最后保住了被告人性命，没有出现不可挽回的错判后果，但更多时候却由于结构性的错位，反而增加了无辜被告被错误定罪的风险，因而饱受正当性的质疑，其背后的制度逻辑不可不察，其背后的制度结构同样不可忽视。[②]

三、本案启示：如何防范冤假错案的产生

在"谭修义案"中，我们可以看到："无罪推定"理念无法真正得到落实、"印证"模式使得有罪证据相集成链而坚不可破，"留有余地"的判决与"疑罪从挂"使得审前羁押变得无比漫长。在它们的影响下，刑讯逼供、超期羁押、无视无罪证据、对证据的错误认定等问题大行其道，

---

① 唐丰鹤：《错案是如何生产的？——基于 61 起刑事错案的认知心理学分析》，载《法学家》2017 年第 2 期。

② 陈虎：《论剩余怀疑——兼论美国死刑案件"留有余地的判决"》，载《环球法律评论》2021 年第 3 期。

共同造成了这一宗冤假错案。反思个案，也是一次重新审视的过程。这一切的一切，均绕不开一个问题：如何才能防止冤假错案的发生？

第一，确立并培养程序法治思维。一直以来，研究"犯罪与刑罚"问题的刑法学并不太关注程序问题，这导致刑事诉讼法学与刑法学之间的裂隙与隔阂越来越大。如何认识各种具体的犯罪、确定是否犯罪、如何科以正确的刑罚是刑事实体法所研究的对象，这与"能否成功地打击犯罪""实现治安维稳"有着直接的关系。但作为程序法的刑事诉讼法却打着"限权保民"的口号，想要以"无罪推定"理念实现对犯罪嫌疑人、被告人权利的保障，以"正当程序原则"的落实来实现法庭审判的实质化，让被告人有更多的机会申辩，以至于最终"脱罪"，这似乎与意图"打击犯罪"的实体法格格不入。在 2004 年 11 月，公安部正式提出"命案必破"的口号，将二十世纪"从重""从快"的打击犯罪思维以一种新的方式延续了下来。在这一口号的影响下，刑事实体法"大有作为"，结果就是"黄勇案件"[①]"杨新海案件"[②]等一系列大案、要案被侦破。从被害人受到抚慰角度、从国家威信确立角度而言，"命案必破"无疑是符合政治利益与社会利益的。但是，其背后是，"命案必破"成为有的地方考核公安机关和侦查部门的硬性指标。在不科学的奖惩机制和绩效考核指挥棒下，基于利与弊的权衡与考量，背负巨大压力的侦查人员，为了完成上级指令，很可能忽视案件可疑点，强化主观推断，降低案件质量，进而引发刑事错案。[③]"既不冤枉一个好人，也不放过一个坏人"仅通过"严打"来实现似乎被证明是不可能的。仅通过刑事实体法的"打击型"治理是远远不够的。

---

① 河南省驻马店市平舆县农民黄勇从 2001 年 9 月到 2003 年 11 月，通过交网友方式先后将被骗到自己家中的 17 名青少年杀死（另有一名未遂）。而两年多来，在最初几起案件中被害人的父母持续向当地公安机关反映孩子失踪的情况却均未引起重视，致使更多的被害人被杀。

② 河南省驻马店市正阳县农民杨新海从 1999 年 11 月到 2003 年 8 月，在皖、豫、鲁、冀四省连续抢劫、强奸、杀人、伤害并杀死 67 人、奸污尸体 19 具，但是却多次逃脱了公安机关的"十分不得力"的搜捕。

③ 穆书芹：《侦查阶段刑事错案防范之侦查理念、行为与制度构建》，载《中国刑事法杂志》2016 年第 1 期。

当下，随着现代化进程推进，国民素质将普遍提高，抢劫、绑架等严重暴力犯罪的滋生土壤被不断压缩，严重危害群众安全感的极端"黑天鹅"事件会进一步减少。①2020 年最高人民检察院工作报告显示，严重暴力犯罪及重刑率下降，"醉驾"取代盗窃成为刑事追诉第一犯罪，这反映了社会治安形势持续好转，社会治理进入新阶段。②2023 年最高人民检察院工作报告显示，2022 年检察机关起诉严重暴力犯罪和涉枪涉爆、毒品犯罪 81.4 万人，比前五年下降 31.7%，2022 年受理审查起诉杀人、放火、爆炸、绑架、抢劫、盗窃犯罪为近二十年来最低，人民群众收获实实在在的安全感。③严重暴力犯罪数量与重刑率下降、轻微犯罪数量与轻刑率上升，呈现出"双降双升"的局面。在全面依法治国的当下，中国刑事法治正在告别"重罪重刑"的时代，如何解决更多的轻罪案件，实现同时具有法律效果、社会效果、政治效果的刑事治理日渐被提上日程。

反观刑事实体法思维给我们带来了什么？首先是越织越密的法网。纵观近 20 年来我国刑事立法活动，单行刑法和十一个《中华人民共和国刑法修正案》（以下简称《刑法修正案》）中近 80% 的新增罪名集中为轻罪，即法定最低刑为三年以上有期徒刑以外犯罪。大家所熟知的"醉驾""冒名顶替罪""考试作弊罪"均是"轻罪入罪化"的结果。其次是单调的刑罚体系。仅靠金钱罚、自由刑来惩罚犯罪越来越不能实现犯罪预防与治理的效果。在北京，针对"醉驾"案件，起诉率一直居高不下，但最终法院宣判的刑期却并不长，呈现出一种"时报时销"的状态，这使得法官的审判职能被束缚、捆绑，案件办理的社会效果有待商榷。最

---

① "黑天鹅"事件，是指难以预测，但突然发生时会引起连锁反应、带来巨大负面影响的小概率事件。

② 张军：在第十四届全国人民代表大会第一次会议上所作的《最高人民检察院工作报告》，2023 年 3 月 7 日，最高人民检察院网：https://www.spp.gov.cn/spp/gzbg/202006/t20200601_463798.shtml，2023 年 12 月 27 日访问。

③ 张军：在第十四届全国人民代表大会第一次会议上所作的《最高人民检察院工作报告》，2023 年 3 月 7 日，最高人民检察院网：https://www.spp.gov.cn/spp/gzbg/202303/t20230317_608767.shtml，2023 年 12 月 27 日访问。

后是罪刑不均衡的现象愈发严重，对于轻罪重罚的"水漾效应"过于显著。

缺少了程序对实体的控制，偏向"打击型"的实体机器将会更加"肆无忌惮"。只有承认并认同程序所具有的"独立价值"，我们才能真正走出困局，实现刑事法治的现代化。坚持程序法治思维，要守住"无罪推定"这一底线，在"错判"与"错放"之间作出最为理性的选择。如果仅去打击犯罪，社会治安或许会更加良好，但其代价是每个人都将忧心忡忡地度过每一天：一旦自己被牵涉犯罪之中，成为犯罪嫌疑人，这无异于直接的定罪量刑。未经历过的痛苦总是让人难以想象、难以共情，但一旦这种痛苦在自己身上显现就会刻骨铭心。"万分之一的不幸落在一个人的头上就是百分之百的不幸。"还有一个"一"和"二"的计算问题我们需要厘清："错放"只是一个错误；而"错判"很可能是两个错误。"错放"只是把一个有罪者错误地放纵到社会中去；而"错判"则在错误地处罚一个无罪者的同时还可能放纵真正的罪犯。[1] 总之，我们理性看待实体法所带来的"重刑"思想，坚持程序所具有的独立价值，真正将"无罪推定"理念贯彻落实到司法诉讼程序之中。

第二，坚持证据裁判原则。证据裁判是指对于案件争议事项的认定应当依据证据。证据裁判原则要求裁判的形成必须以达到一定要求的证据为依据，没有证据不得认定犯罪事实。[2] 这一原则在我国现行《刑事诉讼法》中是有所体现的，如第五十五条第一款规定："对一切案件的判处都要重证据，重调查研究，不轻信口供。只有被告人供述，没有其他证据的，不能认定被告人有罪和处以刑罚；没有被告人供述，证据确实、充分的，可以认定被告人有罪和处以刑罚。"

一般意义上认为，证据裁判原则包含三个方面的内容：一是证据定案原则，即没有证据不得对事实进行认定。二是证据资格原则，即认定案件事实的证据都应当具有相应的证据资格与证据能力。三是证据调查

---

① 何家弘：《司法公正论》，载《中国法学》1999 年第 2 期。
② 陈卫东：《论刑事证据法的基本原则》，载《中外法学》2004 年第 4 期。

原则，即据以认定案件事实的证据均要在法庭上经过各方的调查、检验。证据裁判原则在本质上是"无罪推定"原则在证据方面的体现。根据证据裁判原则，如果没有证据或者证据的证明未能达到法定的证明标准，那么就无法对案件事实进行认定，对犯罪嫌疑人应当适用"无罪推定"的规定，宣判其无罪。陈卫东教授认为，证据裁判原则是对法官肆意擅断最为有效的约束机制和增强司法裁判确定性、权威性的重要保障。[①] 陈光中教授认为，贯彻证据裁判原则，要合理处理好我国的"口供"问题。从历史演进的角度来看，证据裁判原则集中体现了对"口供中心主义"的反思与克服。确立证据裁判原则旨在降低口供在刑事诉讼中的证明地位，提升其他证据在诉讼中的作用。无论在国外还是在中国，证据裁判原则的重要意义不是为了取代审判，而在于防止口供至上和刑讯逼供现象。刑讯逼供不仅可能导致错案的发生，其运用本身也是对人的权利和尊严的严重侵害，证据裁判原则力图削弱口供在定案中的意义，而遏制刑讯逼供的发生。[②] 除了抑制刑讯逼供的发生以外，证据裁判原则还可以克服司法行政化的倾向。

历史经验告诉我们：不坚持证据裁判，最终结果就是冤假错案的产生。如河南"赵作海案"就是一个有力的例证。应当明确的是，法院不能把自己混同于行政机关，一切遵从上级指示办案，而无视证据裁判原则。不受证据规则规制的审判活动必然造成司法不公。[③] 对刑事案件的事实认定必须依靠证据，只有切实地将"以事实为根据，以法律为准绳"的诉讼原则贯彻落实到位，法官才不会"肆意裁判"，公正司法的目标才能实现。

第三，实现刑事诉讼的体系化调整。回顾"谭修义案"，我们可以看到：侦查阶段的刑讯逼供、审前阶段的超期羁押、审查起诉阶段的

---

① 陈卫东：《论刑事证据法的基本原则》，载《中外法学》2004 年第 4 期。

② 陈光中、郑曦：《论刑事诉讼中的证据裁判原则——兼谈〈刑事诉讼法〉修改中的若干问题》，载《法学》2011 年第 9 期。

③ 张保生：《刑事错案及其纠错制度的证据分析》，载《中国法学》2013 年第 1 期。

"无效拦截"、审判阶段的"留有余地"，程序进行的每一个阶段都存在或多或少的瑕疵、问题。这一现象并不是个例，在许多典型的冤假错案中，全流程式的问题也是层出不穷。追求"精准发力"固然能实现一定的效果，但是对于体系性问题的熟视无睹则会导致"拆了东墙补西墙"的困局。对于系统问题的解决，有助于刑事法治的整体飞跃，不仅可以高屋建瓴地统摄全局、实现程序的整体公平正义，而且可以事半功倍地防范系统性危险，实现对冤假错案的程序性隔离。体系化调整的当务之急是实现对侦查权的系统性控制。由于中国的侦查权缺乏必要的司法控制，整个侦查程序几乎变成赤裸裸的"行政治罪程序"。①"公安是做饭的，检察是端饭的，法院是吃饭的"，这就直接说明了侦查行为缺少制约的严重后果。对侦查权的系统性控制可以从如下几个方面着手。

首先是要实现对强制处分的外部审查。依据以往的学者观点，法院、法官因主体所具有的高度独立性与权威性，其作为强制措施、强制性侦查行为的审查主体是"最优解"，故倡导建立一种类似于"司法令状主义"模式的"司法审查"制度。这种观点确实可以实现较好的效果，实现对侦查行为的司法性控制，但基于我国《宪法》的规定，这在我国是缺乏现实基础的。当下，我们应当发挥检察院作为法律监督机关的作用，通过检察对于侦查的外部控制，实现一种"类司法化"的行为控制模式。具体来说，要合理调整审查逮捕的主体，破除当下"三级审批"的不良模式，将审查逮捕权交由检察长行使，这不仅是对《刑事诉讼法》的尊重与落实，也是发挥检察长审查的独立性、专业性、中立性、统一性的契机。对于其他强制性的侦查行为，要实现检察院审查为主、侦查机关自行决定为辅的模式，让之前被"闲置"的检察院真正参与到侦查阶段，以中立第三者的身份审查侦查权的行使，最大程度地减少强制措施的错误使用，维护犯罪嫌疑人的合法权益。其次是要完善侦查工作体制，探索"检察引导侦查"的中国模式。在机关主体独立的前提下，实现引导

---

① 陈卫东、李奋飞：《论侦查权的司法控制》，载《政法论坛》2000 年第 6 期。

的有效性，要进一步完善检察机关提前介入重大案件的制度，让检察官指导公安办案成为常态。我们要避免"引导"向"领导"的转变，更好地实现程序的阶段性控制，提高侦查阶段的办案质量，实现程序的正当性与合理性。最后是要实现好、保障好犯罪嫌疑人、被告人与辩护人的诉讼权利。合理解读《刑事诉讼法》中"如实回答"的规定，建立有中国特色的"沉默权"制度。让更多的辩护律师、法律援助律师、值班律师更早地参与诉讼程序，探索侦查阶段律师有限度的阅卷权、调查取证权，实现更好的"武器平等"，从而更好地保障犯罪嫌疑人、被告人的诉讼权利。[①]总之，我们要多方面、有层次地实现各方主体对侦查的有效制约，让侦查行为中的"黑暗"无处可藏。

四、结语

10744 天后，谭修义终于回到了家。谭修义将要面对的，是 29 年牢狱生活后物是人非的无奈与落寞。或许高额的国家赔偿能够换取一丝丝慰藉，但过去的、消亡的事物无论如何也不会再回来了。今天，我们反思"谭修义案"，评析冤假错案背后的法理，是为了指出刑事法治未来的前进方向。习近平总书记在党的二十大报告中提出："深化司法体制综合配套改革，全面准确落实司法责任制，加快建设公正高效权威的社会主义司法制度，努力让人民群众在每一个司法案件中感受到公平正义。"新时代以来，人民群众对于公正的向往日益成为我们努力的方向。个案正义的实现并非微不足道的，"不积跬步，无以至千里"，只有我们一步一个脚印去呼唤正义，我们才能真正地让公平正义被人民群众所感知，才能真正实现刑事法治的现代化！

（赵家祥）

---

① 陈卫东、李奋飞：《论侦查权的司法控制》，载《政法论坛》2000 年第 6 期。

铁链锁住的母亲

——丰县生育八孩女子案

　　2021年12月上旬，在江苏省徐州市丰县，当地红十字会、青年志愿者以及城管局老干部组织起来进行了一次献爱心活动，这次献爱心活动中，选取了董志民一家。活动后，董志民一家受到了一定的关注，至2022年1月上旬，董志民作为"超级奶爸"开始频繁出现在抖音、快手以及微信视频号等短视频平台，成为当时众多热点视频之一。吸引网民眼球的是，看起来像一个农村老光棍的董志民却以一己之力惊人地生养了八个孩子，他低成本的养育方式以及混合了土味与时代色彩的七儿一女的名字（分别名为香港、航天、金山、银山、银凤、银行、国库、国际）被频频提及。然而，孩子的母亲在哪儿呢？抖音博主"徐州一修哥"录制发布的八个孩子母亲的系列视频将"八孩母亲"正式推上舆论前台。在发布的视频中，"八孩母亲"极端恶劣的饮食、居住条件，特别是其中一幅0℃气温时身着单衣、为铁链所束的画面震撼了全网，吹动了二十多年前尘封往事的迷雾。

一、案情回顾

（一）扑朔迷离：三级五份情况说明

面对舆论场围绕是否存在妇女拐卖提出的一系列质疑和猜测，2022年1月28日，丰县县委宣传部发布第一份情况说明，声称该女子名为杨某侠，本地人，与董志民于1998年领证结婚，不存在拐卖行为。这份只有结论的简短回应，进一步引爆了舆论场，网友开始自行挖掘线索，猜想不断。1月30日，丰县联合调查组发布第二份情况说明，更正了第一份情况说明里的部分事实，声明杨某侠是流浪乞讨时，被董志民的父亲收留，此后杨某侠就与董志民生活在一起，杨某侠虽有智障表现，但生活尚能自理，因此婚姻登记时工作人员并未对杨某侠身份进行严格核实。目前杨某侠患有精神分裂症，且镇计生部门为夫妻两人落实了节育措施，至于生育八个孩子，是由于身体原因失效，董志民也多次逃避计生部门的管理和服务。

其后，徐州市委、市政府联合调查组成立，随着调查层级上升和调查的不断深入，人们进一步接近了真相。2月7日，第三份情况说明发布，通过对婚姻登记材料中蛛丝马迹的追索，以及调查人员远赴云南的摸排核查，确定杨某侠原名小花梅，系云南福贡县人；小花梅于1994年嫁到云南保山市，1996年离婚回到家乡时已经存在语言行为异常现象；后小花梅由同村嫁到江苏的女子桑合妞带往江苏治病，但两人于江苏省东海县走散，桑合妞并未报警、通知其家属。新的情况通报解释了杨某侠的家乡和来路，但对是否存在拐卖依然没有明确回应。2月10日，第四份情况说明出炉，这份通报通过DNA鉴定、走访调查，认定杨某侠即为小花梅；董志民涉嫌非法拘禁罪，桑合妞与丈夫时立忠涉嫌拐卖妇女罪，三人已经被采取刑事强制措施。四份调查从草率到翔实，解答了民众大部分的困惑，但迷雾并没有彻底消散，事件真相依然扑朔迷离。

2022年2月17日，江苏省委、省政府成立调查组，案件调查层级上升至省级，开展全面深入的调查核查，先后共走访群众4600余人次、调阅档案材料1000余份，陈年的真相终于浮出水面。

（二）真相大白：当年的往事

1977年5月13日，小花梅出生于云南省福贡县亚谷村，1980年跟随改嫁的母亲从云南省福贡县匹河乡普洛村到子里甲乡亚谷村生活。1995年嫁到云南省保山市；1997年离婚后回到亚谷村，回村后小花梅表现出言语行为异常的现象。至此，别有用心的人开始盯上了她，她被迫开始了颠沛流离的半生。

1997年底时，徐某东想要找个媳妇，便联系时立忠，由时立忠的妻子桑合妞帮其找个媳妇，并同意了花钱的要求。1998年初，桑合妞盯上了小花梅，以给小花梅介绍对象、治疗精神疾病为由，将小花梅带离云南，在江苏省连云港市东海县交给徐某东，并收取了其5000元。然而，三四个月后，1998年5月上旬某日早晨，徐某东发现小花梅不知去向，请求邻居及亲属一起寻找两三天依然未果，遂放弃，甚至之后向时立忠索要了2000元"赔偿金"。小花梅离开东海县后一路流浪，行至夏邑县骆集乡，被谭爱庆、李某玲夫妇发现。谭爱庆、李某玲夫妇将其收留一个月后卖给在附近工地务工的霍永渠、霍福得，二人将小花梅带至丰县，经刘某柱介绍转卖给董某更，而董某更正是"超级奶爸"董志民的父亲，至此小花梅落入董志民之手。

2000年6月，董志民为办理结婚证，找村委会会计开具婚姻状况证明时，经人建议将小花梅的姓名从杨某英改为杨某侠。欢口镇民政办工作人员按董志民自报的信息违规办理结婚登记，将结婚日期登记为1998年8月2日、出生日期登记为1969年6月6日。2011年3月，杨某侠在欢口镇卫生院生次子时，登记产妇信息为"杨某英"，卫生院要求提供新生儿母亲身份证，董某更找人伪造了一张"杨某英"的假身份证。2020

年 11 月，董志民为办理低保，申请为杨某侠落户，公安机关按规定将杨某侠 DNA 信息录入"全国公安机关查找被拐卖 / 失踪儿童信息系统"和"全国公安机关 DNA 数据库"比对，未比中。2021 年 4 月 14 日，欢口派出所按照无户口人员登记户口的规定，为其办理该镇集体户口与身份证，并根据结婚证上的姓名和出生日期，登记为杨某侠，1969 年 6 月 6 日出生。因此，杨某英、杨某侠、小花梅，三个名字实际系同一人。

小花梅与董志民先后生育 8 名子女，户籍信息显示，长子董香港 1999 年 7 月出生、次子 2011 年 3 月出生、三子 2012 年 4 月出生、四女 2014 年 11 月出生、五子 2016 年 5 月出生、六子 2017 年 5 月出生、七子 2018 年 11 月出生、八子 2020 年 1 月出生。1998 年 6 月，小花梅刚到董家时生活基本能够自理，能与人交流，但有时存在痴笑、目光呆滞等表现。然而，2012 年生育第三子后，精神障碍症状逐渐加重，董志民对小花梅有病不送医治疗，不顾其身体状况致其连续怀孕生育，还对小花梅实施了布条绳索捆绑、铁链锁脖等虐待、拘禁行为。其间，小花梅的饮食起居得不到正常保障，时常挨饿受冻，居住场所无水、电、阳光，生活环境恶劣，导致小花梅精神疾病不断加重，人身健康遭受重大伤害。

（三）尘埃落定：案件处理结果

4 月 7 日，江苏省徐州市中级人民法院对"丰县生育八孩女子"事件相关案件一审宣判，认定董志民犯虐待罪，判处有期徒刑六年零六个月，犯非法拘禁罪，判处有期徒刑三年，数罪并罚，决定执行有期徒刑九年；认定被告人时立忠、桑合妞、谭爱庆、霍永渠、霍福得犯拐卖妇女罪，分别判处有期徒刑十一年、十年、十三年、八年零六个月和八年，并处罚金。庭审中，被告人董志民、时立忠、桑合妞、谭爱庆、霍永渠、霍福得表示认罪、悔罪。

4 月 6 日，经纪检监察机关审查调查，江苏省委、省政府责令徐州市委、市政府作出深刻检讨，对有关责任单位和责任人员依规依纪依法作出处理，共计 16 人，其中主要包括：给予丰县县委书记娄海撤销党内职务、政务撤职处分；给予丰县县委副书记、县长郑春伟党内严重警告处分，免去党内职务，责令辞去县长职务；给予丰县县委常委、宣传部部长苏北党内严重警告处分，免职处理；给予丰县人大常委会副主任孙寸贤政务降级处分。

二、案件分析

从上文可以看出，对被害人小花梅的刑事不法行为有两个部分：一是 1998 年的连续拐卖；二是丈夫兼"买主"董志民实行的虐待和拘禁。

（一）数人接连拐卖的罪与责

现行《刑法》第二百四十条规定了拐卖妇女、儿童罪，该罪是指以出卖为目的，拐骗、绑架、收买、贩卖、接送、中转妇女、儿童的行为。拐骗，是指行为人采取欺骗、利诱等手段，使妇女、儿童上当受骗后将其带走并置于行为人的支配之下。绑架，是指行为人采取暴力、胁迫或其他方法，使被害人脱离其原本的生活环境或被监护的状态，将妇女、儿童置于行为人的支配之下；收买，是指以转手出卖为目的，以金钱或财物买取被拐骗、绑架的妇女、儿童；贩卖，是指行为人将其支配下的妇女、儿童作为商品出卖给收买人；接送和中转，是指在拐卖妇女、儿童的过程中，行为人隐匿、接应、运送、转移被害人的行为。拐卖妇女、儿童罪的客观行为中，各行为共同的特点是对被害人形成了事实上的支配关系，使被害人丧失了人身自由。通常而言，为了形成对妇女、儿童的支配关系，欺骗、利诱、暴力、胁迫等手段是直接针对被拐卖的妇女、儿童实施的，但也不尽如此。支配关系的形成，除了直接对被拐卖的妇女、儿童进行欺骗、利诱，或者实施暴力、胁迫，使其由于陷入错误的认识或因心理上的恐惧而置于行为人的支配之下。①一般认为，拐卖妇女、儿童罪的保护法益是被拐卖者在本来生活状态下的身体安全与行动自由。

本案中，时立忠和桑合妞在徐某东的要求下，物色小花梅为"猎物"，以为其介绍对象、治疗精神疾病为借口，将其诱骗至江苏，交给徐某东，并收取其5000元。现实生活中存在为男女双方介绍婚姻或为某个家庭介绍收养儿童的情形，这些行为不构成拐卖妇女、儿童罪，但应注意此类行为与成立拐卖妇女、儿童罪的界限，从而加以准确认定。通常而言，介绍婚姻或介绍收养儿童的行为人主观上没有"以出卖为目的"，其索取的钱财往往是作为"介绍费""辛苦费"而不是作为出卖妇女、儿童的对价；在客观上，也不存在拐骗、绑架等实际控制妇女、儿童的行为。为了达成婚姻或收养关系，介绍人应向双方反映各方的真实情况，具体介绍双方的姓名、住址、家庭情况、抚养能力等信息，达成婚姻或收养关系的双方也都知悉真实情况并根据真实的意愿作出决定。但在本案中，时立忠和桑合妞通过隐瞒真相的方式控制小花梅去向，并非正常的婚姻介绍，构成拐卖妇女罪。

此后，小花梅逃出徐某东控制后，又陆续被谭爱庆、李某玲、霍永渠、霍福得、刘某柱等人接续买卖，谭爱庆等人均构成拐卖妇女罪。但法院仅追究时立忠、桑合妞、谭爱庆、霍永渠、霍福得等5人的刑事责任，并未追究李某玲、刘某柱的刑事责任，是基于追诉时效制度的限制。所谓追诉时效，是指刑法规定的，对犯罪人进行刑事追诉的有效期限；在此期限内，司法机关有权追诉；超过了此期限，司法机关就不能再行追诉。因此，超过追诉时效，意味着不能行使求刑权、量刑权与行刑权，也不能适用非刑罚的法律后果，因而导致法律后果消灭。规定追诉时效制度不是故意放纵犯罪，而是为了有效地实现刑法的目的，体现了宽严相济的刑事政策，体现了"历史从宽，现行从严"的政策，有利于司法机关集中精力追诉现行犯罪，有利于社会秩序的安定，有利于调动一切

①陈兴良主编：《刑法各论精释》，北京：人民法院出版社，2015年，第198页。

积极因素、团结一切可以团结的力量。①

现行《刑法》第八十七条规定："犯罪经过下列期限不再追诉：（一）法定最高刑为不满五年有期徒刑的，经过五年；（二）法定最高刑为五年以上不满十年有期徒刑的，经过十年；（三）法定最高刑为十年以上有期徒刑的，经过十五年；（四）法定最高刑为无期徒刑、死刑的，经过二十年。如果二十年以后认为必须追诉的，须报请最高人民检察院核准。"拐卖妇女罪的法定最高刑为死刑，因此追诉时效为二十年。时立忠、桑合妞、谭爱庆、霍永渠、霍福得等人先后拐卖小花梅的犯罪行为发生在1998年，均已超过二十年的追诉时效期限。但由于时立忠、桑合妞、谭爱庆、霍永渠、霍福得等五人在拐卖妇女犯罪中作用较大、情节严重，为从严打击拐卖妇女犯罪，切实维护妇女儿童权益，经依法报请最高人民检察院核准而进行追诉。而李某玲、刘某柱在拐卖妇女犯罪中作用较小、情节较轻，未予报请核准追诉，因此不承担刑事责任。徐某东和董志民收买被他人拐卖的小花梅，其行为涉嫌收买被拐卖的妇女罪。现行《刑法》第二百四十一条规定，收买被拐卖的妇女罪法定最高刑为三年有期徒刑。由于法定最高刑不满五年有期徒刑的，经过五年不再追诉。因此，徐某东和董志民未承担收买被拐卖的妇女罪的刑事责任。

（二）董志民囚禁虐待的罪与责

经过接连的拐卖，小花梅最终于1998年被董志民控制，董志民对被害人小花梅有病不送医治疗，让其长期生活在恶劣环境中，且不顾其身体状况致其连续生育，导致小花梅精神疾病不断加重，人身健康遭受重大伤害。因此，人民法院根据现行《刑法》第二百六十条规定，认定其行为构成虐待罪；非法剥夺小花梅人身自由，根据现行《刑法》第二百三十八条规定，认定其行为构成非法拘禁罪，依法数罪并罚。

虐待罪，是指以打骂、冻饿、强迫过度劳动、有病不予治疗、限制

---

① 张明楷：《刑法学（第6版）》，北京：法律出版社，2021年，第830—831页。

自由、凌辱人格等手段，对共同生活的家庭成员从肉体上和精神上进行摧残、折磨，情节恶劣的行为。本罪的保护法益，是身体的不可侵犯性与精神的健全性。现行《刑法》第二百六十条规定："虐待家庭成员，情节恶劣的，处二年以下有期徒刑、拘役或者管制。犯前款罪，致使被害人重伤、死亡的，处二年以上七年以下有期徒刑。"本罪的行为主体必须是共同生活的同一家庭成员，即虐待人与被虐待人之间存在一定的亲属关系或收养关系。本案中，虽然董志民和小花梅的结婚手续存在违规办理的情况，但是否构成"家庭成员"，取决于是否满足共同生活这一实质要件，而不取决于形式上婚姻关系的存在与否。①董志民和小花梅已经满足共同生活要件，因此属于家庭成员，符合主体要求。2015年3月2日，最高人民检察院、最高人民法院、公安部、司法部颁布的《关于依法办理家庭暴力犯罪案件的意见》（法发〔2015〕4号）指出："采取殴打、冻饿、强迫过度劳动、限制人身自由、恐吓、侮辱、谩骂等手段，对家庭成员的身体和精神进行摧残、折磨，是实践中较为多发的虐待性质的家庭暴力。根据司法实践，具有虐待持续时间较长、次数较多；虐待手段残忍；虐待造成被害人轻微伤或者患较严重疾病；对未成年人、老年人、残疾人、孕妇、哺乳期妇女、重病患者实施较为严重的虐待行为等情形，属于刑法第二百六十条第一款规定的虐待'情节恶劣'，应当依法以虐待罪定罪处罚。"本案中小花梅患有牙齿疾病和精神疾病，口腔卫生长期较差，患有牙周疾病，未进行治疗，部分牙齿逐步脱落；精神疾病不断加剧，董志民不给送医，属于虐待行为，造成被害人精神残疾二级，属于重伤，判处董志民有期徒刑六年六个月，定罪准确、量刑适当。

非法拘禁罪，是指故意非法拘禁他人或者以其他方法非法剥夺他人人身自由的行为。现行《刑法》第二百三十八条规定："非法拘禁他人或者以其他方法非法剥夺他人人身自由的，处三年以下有期徒刑、拘役、管制或者剥夺政治权利。具有殴打、侮辱情节的，从重处罚。"本案中，小

---

① 劳东燕：《能动司法与功能主义的刑法解释论》，载《法学家》2016年第6期。

花梅于 2012 年后开始精神疾病加重，后被董志民用铁链束缚。应注意的是，本罪作为行为对象的"他人"要求是具有身体活动自由的自然人；身体活动自由虽以意识活动自由为前提，但只要具有基于意识从事身体活动的能力即可，不要求具有刑法上的责任能力与民法上的法律行为能力，故能够行走的幼儿、精神病患者、能够依靠轮椅或者其他工具移动身体的人，均可成为本罪的对象。① 因此，董志民构成非法拘禁罪，而且拘禁环境十分恶劣，导致小花梅精神疾病不断加重，人身健康遭受重大伤害，更应从重处罚。司法机关顶格判处其有期徒刑三年，定罪准确、量刑适当。

本案中，董志民同时触犯虐待罪和非法拘禁罪，法院认为应数罪并罚。被告人的行为究竟是构成一罪还是成立数罪，是否应该并罚，是司法实践中经常遇到的重要问题之一，也是犯罪论的基本理论问题之一。正确区分罪数，具有定罪、量刑两方面的重要意义。根据罪刑关系的基本原理，对一罪只能一罚，对数罪虽然也可能只科处一个刑罚，但对大多数的数罪都应当并罚。将一罪定为数罪时，通常会导致无根据地加重行为的法律后果，在某些情况下也可能导致量刑畸轻；将数罪定为一罪时，往往会导致无根据地减轻行为的法律后果。例外地也可能出现相反情况。因此，一罪与数罪的认定混乱，必然造成量刑上的畸轻畸重现象；只有正确区分罪数，才能为合理量刑提供前提条件。

关于罪数的区分存在诸多学说，以下选取几个主要观点，分别介绍：其一，"犯意标准说"认为犯罪是行为人犯罪意思的实现，因而应当以行为人的犯罪意思的个数作为罪数的决定标准，即具有一个犯罪意思的就成立一罪，具有数个犯罪意思的就成立数罪。例如，行为人基于一次杀死两人的意思同时杀死两人属于一罪，而行为人在杀死一人后又决意杀死另一人的，属于两个犯罪。其二，"行为标准说"认为犯罪是人的行为，因而应以犯罪行为的个数为标准来决定罪数。问题在于，什么是一个行为，什么是数个行为？对此，存在从自然意义考察的"自然行为

---

① 张明楷：《刑法学（第 6 版）》，北京：法律出版社，2021 年，第 1153—1154 页。

说"、从社会见解上考察的"社会行为说"和从构成要件上考察的"构成要件行为说"。严格意义上的"行为标准说"应当指的是自然意义上的行为，即作为身体举动的行为。其三，"法益标准说"认为犯罪的可罚性在于法益侵害，因此应当以被侵害的法益个数尤其是所发生的结果的个数，作为区分罪数的标准。"法益标准说"认为在计算法益的个数时应考虑法益的性质。法益可以分为专属法益和非专属法益。生命、身体、名誉、自由、人的秘密等属于专属法益，不允许与其他法益一起进行概括评价，因此应按照被侵害法益的个数即被害人的个数计算犯罪的成立。财产等属于非专属法益，可以在某种程度上允许进行概括评价。国家法益、社会法益应当按照具体被侵害的法益的个数加以计算。其四，"构成要件标准说"认为犯罪是充足构成要件的行为，因此应以构成要件为标准来决定罪数。犯罪事实充足一个构成要件的，是一罪；犯罪事实充足数个构成要件的，是数罪，即罪数应根据构成要件评价的次数来加以决定。此说实际上是将犯罪意思、犯罪行为、法益等综合起来进行构成要件上的评价，属于日本的通说。其五，"个别化标准说"认为构成要件标准说虽然在划分是否属于单纯一罪的问题上是合适的，但无法很好地说明"包括的一罪""科刑的一罪"的一罪性。因此，应根据不同的犯罪情况，采取不同的标准来解决罪数的判断问题。具体而言，应以构成要件标准说为前提，区分"包括的一罪""科刑的一罪"，分别适用不同的标准。在判断"包括的一罪"的罪数时，应以"行为与结果"的"一个性"为标准；而在"科刑的一罪"的场合，应以"行为"的"一个性"为标准。①

笔者认为"法益标准说"较为合理，犯罪是对法益的侵害，一罪的"一"根本上来自该一罪在评价上的充分性、周延性，因此如果一罪不能完全概括犯罪行为对被害法益侵害的全貌时，就应该认定为数罪。因此，在本案中，董志民对小花梅的法益侵害既包括虐待罪（设置此刑罚用以保护身体的不可侵犯性与精神的健全性），也包括非法拘禁罪（设置此刑

---

① 陈家林：《外国刑法理论的思潮与流变》，北京：中国人民公安大学出版社，2017年，第640—642页。

罚用以保护人身自由），不能由其中任何一个罪完全涵盖，因此应认定为数罪。但值得注意的是，数罪并不意味着就一定并罚，行为究竟成立一罪还是数罪与对于数罪是实行并罚还是不并罚，是两个不同的问题。刑法上存在着科刑的一罪的情形，即是指存在数个"单纯一罪"或者数个"包括一罪"，应评价为数罪，但仅需要按其中较重犯罪的法定刑量刑的情形，如现行《刑法》第二百九十一条之二规定的高空抛物罪，"从建筑物或者其他高空抛掷物品，情节严重的，处一年以下有期徒刑、拘役或者管制，并处或者单处罚金。有前款行为，同时构成其他犯罪的，依照处罚较重的规定定罪处罚"。第二款就是典型的想象竞合的规定，行为人虽触犯数罪，但满足法定条件时仅处以一罪之罚。本案中，虐待罪和非法拘禁罪并无规定想象竞合条款，董志民的行为也不符合竞合处理的要求，因此，确应数罪并罚，合并执行。

对于数罪并罚，现行《刑法》第六十九条第一款规定："判决宣告以前一人犯数罪的，除判处死刑和无期徒刑的以外，应当在总和刑期以下、数刑中最高刑期以上，酌情决定执行的刑期，但是管制最高不能超过三年，拘役最高不能超过一年，有期徒刑总和刑期不满三十五年的，最高不能超过二十年，总和刑期在三十五年以上的，最高不能超过二十五年。"本案中董志民犯虐待罪，判处有期徒刑六年零六个月；犯非法拘禁罪，判处有期徒刑三年。因此，应在总和刑期九年零六个月以下、数刑中最高刑期六年零六个月以上量刑，鉴于董志民虐待、非法拘禁犯罪持续时间长，犯罪手段恶劣，造成严重危害后果和恶劣社会影响，综合考虑其犯罪事实和情节，法院最终决定执行有期徒刑九年，于法有据。

三、追问反思

案件虽然已经真相大白、尘埃落定，犯罪人亦被绳之以法，但思考并未就此停下。关于本案的法律思考，主要集中于两个问题：一是收买被拐卖的妇女、儿童罪的法定刑是否过低；二是追诉时效制度是否合理。以下分别就这两个问题展开探讨。

（一）收买被拐卖的妇女、儿童罪的法定刑之争

现行《刑法》第二百四十一条规定："收买被拐卖的妇女、儿童的，处三年以下有期徒刑、拘役或者管制。"该罪的法定刑是否过低、是否应该调整提高，学界产生了激烈的争论，主要形成了以罗翔教授[①]、王锡锌教授[②]为代表认为收买被拐卖的妇女、儿童罪法定刑过低，应该调高的观点的"提高派"和以车浩教授[③]、柏浪涛教授[④]为代表认为收买被拐卖的妇女、儿童罪法定刑适当，无须调整的"维持派"。正如彭錞老师总结，两派争论归结起来有两大实质争点：如何用刑罚来准确界定和表征收买被拐妇女、儿童之恶？修法提高刑期是否有助于阻遏和解决拐卖妇女、儿童之恶？[⑤]前者可为"恶之度量"问题，后者为"恶之矫正"问题。具体而言存在三个主要争议焦点，以下简要汇总梳理。

第一，如何理解拐卖和收买妇女、儿童属于刑法理论中的共同对向犯，刑罚却不相当。"提高派"认为刑法规定拐卖妇女、儿童罪最高可判处死刑，收买被拐卖妇女、儿童罪的最高刑罚却只有三年。买方和卖方，三年和死刑，刑罚明显不匹配——刑法对前者的打击力度要弱得多。在刑法中，共同对向犯的刑罚基本相当。罪名相同的共同对向犯，如非法买卖枪支罪，买卖双方自然同罪同罚。罪名不同的共同对向犯，比如购

---

① 罗翔：《我为什么还是主张提高收买被拐妇女儿童罪的刑罚》，澎湃新闻网：https://www.thepaper.cn/newsDetail_forward_16598609，2024 年 10 月 22 日访问。

② 王锡锌：《收买罪的刑责之争：技术选择还是价值选择？》，微信公众号"北大法律信息网"：https://mp.weixin.qq.com/s/6WMh6UA5gPmmCFozn7GBfg，2024 年 10 月 22 日访问。

③ 车浩：《立法论与解释论的顺位之争——以收买被拐卖的妇女罪为例》，载《现代法学》2023 年第 2 期。

④ 柏浪涛：《收买罪是否需要提高法定刑？》，微信公众号"雅理读书"：https://mp.weixin.qq.com/s/c24G5_Oj–iFA_FEtL6yRbA，2024 年 10 月 22 日访问。

⑤ 彭錞：《收买被拐妇女刑责之辩：他们到底在争什么？》，澎湃新闻网：https://www.thepaper.cn/newsDetail_forward_16657942，2024 年 10 月 22 日访问。

买假币罪和出售假币罪，刑罚也完全一样。只有拐卖妇女、儿童罪与收买被拐卖的妇女、儿童罪这一对共同对向犯很特殊，对向双方的刑罚相差悬殊，到了与共同对向犯的法理不兼容的地步。"维持派"认为刑法上的对向犯，本来就有处罚买方和不处罚买方两种情形。因此，评价收买被拐卖妇女、儿童的行为，不能仅仅与拐卖行为相比，还要与那些刑法根本就不处罚的其他买方行为：如购买发票、购买自吸毒品相比，显然立法者是给予收买被拐卖妇女、儿童以犯罪化的严惩。而且收买被拐卖妇女罪发生后，几乎必然地伴随强奸、非法拘禁、故意伤害等罪行的发生，而这些都是法定刑极高的重罪。因此，不能只看到收买行为本身只判刑三年，就片面地认为它是一个轻罪，而是要综合全部条款将其评价为一个重罪。

第二，如何理解被拐卖的妇女、儿童罪的法定刑轻于危害珍贵、濒危野生动物罪。"提高派"认为按照司法解释的规定，买一只叶猴就可以判处五年以上有期徒刑，买两只则是十年以上。联系到司法实践中出现的买卖鹦鹉案，买家动辄获刑五年以上，这样一来，不免有"人不如猴、人不如鸟、人不如物"的体会，无论如何都会让人对法律的公正性产生怀疑。"维持派"认为收买被拐卖妇女罪，有其独特的罪质，不能简单地与其他买卖类犯罪对比。对购买鹦鹉者而言，不是要把鹦鹉拿来当媳妇、生孩子的，而是当作一种宠物饲养和观赏。这里面基本上不包括对动物本身的利益损害，更不存在像对人的性、身体、自由等个人基本法益的损害。而买媳妇，就必然是追求与被拐卖妇女发生性关系，因此买方必然会触发强奸罪。即使因男方精神病、残疾、年幼、不省人事等，不能发生性关系，但是对于反抗的女性来说，也几乎必然地要面临着被剥夺自由、被殴打侮辱的命运，因此买方也必然会触发非法拘禁罪、故意伤害罪、侮辱罪等。收买被拐卖妇女罪，甚至可以被评价为是强奸罪、非法拘禁罪、故意伤害罪等重罪的预备犯。预备犯在我国刑法中的境遇本来是名存实亡的。因为刑法各个罪名几乎均不处罚预备犯，无论是在立法上还是司法实践中。在这种情况下，将收买被拐卖妇女的行为单独定罪，无论行为人是否实施后续的重罪行为，已经体现出对收买行为的提前惩罚和从重打击。"提高派"进一步反驳，尽管在罪数问题上对人的保护力度要更强，但在基本刑方面，单纯的购买妇女儿童与购买珍稀野生动物仍存在严重罪刑失衡。由于收买后并不必然发生强奸、非法拘禁或故意伤害，寄望于现行《刑法》第二百四十一条这整张网来度量收买之恶，恐怕容易落空，故问题又回到收买被拐卖妇女和收买珍稀动物如何比较。"维持派"也进一步提出，收买被拐卖妇女是戕害人性自由尊严的恶，收买珍稀野生动物则是戕害生态环境安全的恶，两种价值孰高孰低，辩不出个终极答案，更何况生态环境安全破坏最终会伤及人类，届时需要比较的便是人性自由尊严和人类生存安全，二者同样不可通约。

第三，重刑能否有效实现"恶之矫正"？"提高派"认为：提高收买者刑责既有助于减少收买，也有利于解救被拐。刑法对拐卖与买受行为罪责的区别对待，会发出被扭曲的价值信号，还会传导到后续的刑事司法过程。查处收买和解救被拐中执法不严、漠视包庇之根源在于法律传递了一个错误的价值信号：即买受行为与拐卖行为是两回事，危害性不同，导致买方常常自认无辜，周围的邻居、基层的管理者会淡定得像路人甲一样视而不见。"维持派"则认为提高收买者刑责既无助于减少收买，也不利于解救被拐。用严刑峻法无法威慑住买方，因为生活在穷困山区里的光棍，买媳妇结婚生子是"刚需"，就像在北上广大城市里生活者要买房是刚需一样，房价再高也是要买的。而面对有"刚需"的买媳妇的农民，指望与这些人历史地、文化地共同生活在同一地区的办案人员去下狠手从重打击，只能是一个美好的理想。

除了两派学者的激烈争论外，也有学者开始积极探寻"第三条道路"，金泽刚教授提出收买被拐卖的妇女、儿童罪需要从严修正，但从严修正并不意味着必须提高该罪的法定刑，不如修改该条数罪并罚的规定更加紧迫和实际。根据现行《刑法》第二百四十一条规定，收买被拐卖的妇女，强行与其发生性关系的，依照强奸罪定罪处罚。收买被拐卖的妇女、儿童，非法剥夺、限制其人身自由或者有伤害、侮辱等犯罪行为的，依照本法的有关规定定罪处罚。收买被拐卖的妇女、儿童又出卖的，依照拐卖妇女、儿童罪定罪处罚。也就是说，现行立法采取的是后罪吸收前罪的吸收犯模式，只定一罪。金泽刚教授提出对于上述情形，应该将收买被拐卖的妇女后，再实施其他犯罪的行为，与收买行为进行数罪并罚，而不能以后罪吸收前罪。也就是将现行《刑法》第二百四十一条的第二款到第五款合并为一款，即"收买被拐卖的妇女后，再实施其他犯罪的，一律依照数罪并罚的规定处罚"。这一修改方案既对接了"维持派"主张的收买必然导致其他重罪的现实，也兼顾了"提高派"严惩收买行为的情感诉求。①

卢勤忠教授等提出借鉴日本刑法将单纯的收买行为与基于加害、剥削目的的收买行为进行了分级的方式，对我国社会中部分贫困地区的"买媳妇"行为与犯罪新形势下收买妇女施以严重剥削的行为进行程度上的区分，即区别对待善意收买者与真正的施暴者。主要做法是增加收买3人以上等法定加重情节，以及特别规制包含切除器官、强迫从事性交易等剥削行为的新型收买类犯罪。这些犯罪往往呈现组织化、集团化特征，很有可能对多人造成伤害，其社会危害性几乎与拐卖犯罪相当，已经完全超出了我国现有立法原意中对传统普通收买行为的规制范畴，虽然与之数罪并罚的故意伤害罪与组织卖淫罪中存在类似的法定加重情节可以适用，但单纯的刑期加重并不足以表现对多次收买以及剥削行为的惩治，还是应当将这种否定评价在收买罪的立法中体现出来。尤其是，此类新型收买类犯罪之社会危害性与主观恶性远比基于结婚生子目的的传统收买类犯罪更深，对拐卖犯罪的促进作用更是强烈，应当对二者加以评价和惩罚上的明显区分。②

笔者认为，现阶段对收买被拐卖的妇女、儿童罪提高法定刑只有宣

---

① 金泽刚：《收买被拐卖的妇女罪的法定刑要不要修改——兼谈罗翔、车浩等学者论争中的几个问题》，载《青少年犯罪问题》2022 年第 3 期。

② 卢勤忠、高艺尹：《我国收买被拐卖的妇女罪刑罚设置之完善》，载《青少年犯罪问题》2022 年第 5 期。

示意义，不具备实际效果，不应修改现行立法。一方面，法不溯及既往，今日之立法面向未来而非面向过去。公安部的数据显示，2021 年拐卖妇女儿童案件比 2013 年下降 86.2%。[①] 随着技术手段的发展进步和社会观念的转变，拐卖妇女、儿童的案件发案量已经急剧下降，对于陈年旧案，即使提高了法定刑，也无法对已发生的罪恶加重惩罚。另一方面，即使未来还可能发生少量拐卖案件，但重刑之下是否真的能抑制未来之罪依然值得考虑。18 世纪的启蒙学者对于专制社会的残酷刑罚进行了深刻的批判，并逐步建立起以心理威吓为特征的法治社会刑罚的一般预防理念。在这个过程中，费尔巴哈的心理强制说发挥了重要的作用。在费尔巴哈看来，人具有趋利避害的本能，惯于两害相权取其轻。而刑法正是一个具体犯罪与刑罚的对应表，意欲犯罪者在对犯罪行为所对应的刑罚有所了解之后，就会因高昂的犯罪代价而打消犯罪念头。然而，一般预防的本质是利用对犯罪人的惩罚来震慑社会其他成员，实际上是把犯罪人视为实现特定目的的工具，否定了其作为人的尊严。

社会中某一些问题成为热点话题，会给立法机关和政府管理部门带来很大压力，然而，在这种时候更能够体现出社会治理的高超技巧和高屋建瓴的前瞻性眼光。社会关切需要得到回应，并且需要得到更精准、更高效的回应。若以重刑抑制犯罪，则人们刑罚敏感度日益降低，从长远看甚至会形成非理性的重刑主义情结。一旦陷入该种境地就会形成一种恶性循环，人们从心态上滑向对重刑的不健康的依赖，于是距离理想的刑罚境地越来越远。当前，我们在刑罚发展上有这样两种选择：要么迈向重刑主义，对犯罪人施用重刑，使其成为社会激愤情绪的宣泄窗口，也放任公众刑罚敏感度保持麻木的状态；要么提升公众的刑罚敏感度，使得刑罚客观走向人道化。后者才应是我们自然的选择。[②]

---

①《公安部：2021 年拐卖妇女儿童案件较 2013 年下降超 8 成》，光明网：https://m.gmw.cn/baijia/2022–06/01/1302975825.html，2024 年 10 月 22 日访问。

② 王震：《刑罚敏感度论纲》，载《学术交流》2018 年第 5 期。

（二）追诉时效制度的合理性所在

近年来，随着扫黑除恶专项斗争、全国政法队伍教育整顿中对旧案的清理查处，刑事侦查技术水平的提升以及网络追逃力度的加大，追诉时效制度重新回到聚光灯下，适用的场合逐渐增多，理论研究也日渐深入。南医大凶杀案等社会关注较多的案件得以侦破，以及本案的浮出水面，又引发了追诉时效问题讨论热潮。主要集中于两个争议焦点：一是追诉时效的法律属性属于实体规范还是程序规范，抑或是兼具二者属性；二是追诉时效的正当性依据何在。

关于追诉时效是实体规范还是程序规范之争，长期聚讼纷纭，其实际意义在于若认为追诉时效是实体规范则应当适用实体法不溯及既往原则，而程序规范则不然。然而世界各国立法和理论研究均未形成统一观点。在立法归属上，虽然大部分国家将追诉时效制度规定在刑事实体法中，如德国、意大利、荷兰等国家；也有不少国家将之规定在刑事诉讼法中，如法国、日本等；还有一些国家和地区在实体法和程序法中都规定了追诉时效制度，如英国和我国香港。我国虽将其规定在刑法中，但不能认为一定是实体规范。

学术界目前有三种代表性的观点：一是实体法说，该观点认为追诉时效制度属于刑罚权消灭的实体原因。日本学者铃木茂嗣认为，时间的经过能够影响国家刑罚权的实现。具体而言，行为人的罪责随着时间流逝而减少，一旦到达一定的时点，行为人的罪责总量变得微不足道时，国家也就失去了刑罚权，行为人自此在实体法上无罪。因此，追诉时效又被视为刑罚排除事由。[①] 二是程序法说，该观点主张追诉时效制度事关追诉权的有无，是刑事诉讼能否开启的先决条件。这一学说承认行为人的行为在实体法上可罚，主张追诉时效属于程序法上的诉讼障碍，在时

---

① ［日］铃木茂嗣：《刑事诉讼法的基本问题》，东京：日本成文堂，1988 年，第 120 页。转引自周维明：《追诉时效变更与罪刑法定原则——比较法视野下的分析和思考》，载《法律适用》2020年第 9 期。

效完成时，行为人不是被判处无罪，而是终止审理程序。我国学者袁国何认为追诉时效实际上相当于一项法定不起诉事由，仅排除刑事程序的介入，只是例外地取消了司法机关作出肯定性的不法、罪责判断与定罪处刑的权限，而不影响犯罪的不法与罪责本体。① 三是混合说，该观点认为追诉时效具有"混合的"法律制度特征，既不能仅被理解为实体法制度，也不是单纯程序法制度。一方面，刑事实体法解决的是追究刑事责任的实体条件问题，即行为符合哪些条件才能够被追究刑事责任的问题。显而易见的是，追诉时效的规定意味着对行为追究刑事责任的必备条件是在行为符合犯罪成立条件的前提下，还必须符合追诉时效规定的要求。而刑法关于追诉时效规定中的"犯罪经过下列期限不再追诉"的表述也表明，对行为追究刑事责任的必备条件是行为符合犯罪成立条件的规定并符合追诉时效的规定。实际上，符合追诉时效的规定意味着追诉机关享有追诉犯罪的权力，而就赋予追诉机关享有追诉犯罪的权力而言，则显然属于实体法才能够予以解决的问题。基于此，作为刑事实体法，1979 年《刑法》、1997 年《刑法》均对追诉时效问题以专节的形式集中作出了规定。因此，认为追诉时效属于实体法问题，是有刑法的相关规定作为支撑的。另一方面，刑事程序法解决追究刑事责任的程序规则问题。一旦案件进入刑事诉讼程序却被发现不符合刑法关于追诉时效的规定，那么就意味着案件要退出刑事诉讼程序。这样，在刑事程序法中，就需要设定不符合刑法关于追诉时效的规定时案件退出刑事诉讼的程序规则。为此，我国《刑事诉讼法》确立了犯罪已过追诉时效的程序操作规则。就此而言，认为追诉时效属于程序法问题，实际上也是有刑事诉讼法的相关规定作为依据的。② 笔者也认同混合说的观点。

关于追诉时效的正当性依据，在普鲁士一般邦法时代，采取的是改善推测说。其基本观点是，既然犯罪后长时间没有再犯罪，可预想犯罪人已经得到改善，没有处刑与行刑的必要。十九世纪的法国采取证据湮

---

① 袁国何：《论追诉时效的溯及力及其限制》，载《清华法学》2020 年第 2 期。
② 王志祥：《"南医大女生被害案"的追诉时效问题研究》，载《法商研究》2020 年第 4 期。

灭说与准受刑说。证据湮灭说认为，犯罪证据因时间流逝而失散，难以达到正确处理案件的目的。准受刑说认为，犯罪人犯罪后虽然没有受到刑事追究，但长时期的逃避与恐惧所造成的痛苦，与执行刑罚没有多大差异，可以认为已经执行了刑罚。在日本，有的学者采取规范感情缓和说，即随着时间的流逝，社会对犯罪的规范感情得以缓和，不一定要求给予现实的处罚；有的学者采取尊重事实状态说，该说认为，由于规范感情的缓和，社会秩序的恢复，行为人产生了与一般人相同的社会生活关系，对由此而形成的事实状态应当予以尊重，这是时效制度的本旨。①

刑事追诉时效制度作为重要的刑法制度，其正当性根据是与刑法的正当性根据相一致的。众所周知，在近现代刑法上，刑法的正当性根据经历了从一个极端到另一个极端再到相对理性的发展进化过程。具体是，从极端的以犯罪行为的社会危害性到极端的以犯罪人的人身危险性为正当性根据，再到相对理性的以社会危害性为基础、以人身危险性等为补充的并合主义为正当性根据，从而刑法也就相应地从极端的报应主义行为刑法到极端的预防主义行为人刑法，再到以责任报应为基础、以目的预防为补充的行为和行为人刑法。正是基于上述刑法正当性根据的发展流变，近现代刑法逐步从一个极端形态到另一个极端形态，再到相对理性的现代化形态。与上述刑法的正当性根据相一致，刑事追诉时效制度也同样经历了从一个极端到另一个极端，再到相对理性的发展进化过程。具体表现在：首先，是以体现报应主义的社会危害性为正当性根据的刑事追诉时效制度。这是第一个极端形态的刑事追诉时效制度。在这种极端形态下，凶残的犯罪不受追诉时效的限制，永远不过追诉时效，所谓的刑事追诉时效也就无所谓有 5 年、10 年、15 年、20 年等期限。显然，这种刑事追诉时效制度是绝对罪刑法定原则的体现和要求，是极端且不合理的。其次，是以体现预防主义的人身危险性为正当性根据的刑事追诉时效制度。这是另一个极端形态的刑事追诉时效制度。在这种极端形

---

① 张明楷：《刑法学（第 6 版）》，北京：法律出版社，2021 年，第 830 页。

态下，对犯罪行为的刑事追诉时效，是根据预防犯罪的需要由办案机关予以相对确定，并没有事先依据犯罪行为性质轻重被限制在 5 年、10 年、15 年、20 年等特定期限内。显然，这种刑事追诉时效制度背离了罪刑法定原则的人权保障机理，是极端且不合理的。最后，是以同时体现报应主义和预防主义的社会危害性和人身危险性为正当性根据的刑事追诉时效制度。这是一个相对理性形态的刑事追诉时效制度。在这种形态下，刑事追诉时效制度，既不是永远不过追诉时效，也不是由办案机关根据犯罪预防需要实时确定追诉时间要求，而是兼顾报应主义和预防主义的需要，根据犯罪的社会危害性和人身危险性，既预先根据犯罪行为性质轻重确定 5 年、10 年、15 年、20 年等特定期限为刑事追诉时效的一般期限，又针对具有特定社会危害性和人身危险性的犯罪行为设置更长追诉时效，甚至永远不过追诉时效的特定情形。①

因此，笔者认为现行《刑法》中规定的刑事追诉时效制度，充分体现了现代刑法正当性根据的要求，我国《刑法》规定了对法定最高刑为无期徒刑、死刑的犯罪，如果二十年以后认为必须追诉的，报请最高人民检察院核准可以追诉的制度。对于重大恶性案件仍保留了追诉权力，对于社会危害性稍弱的案件在经过时光的流逝，其法益侵害已经逐渐磨平，社会运转已回到常轨，基于刑法的谦抑性考虑，的确已无需再行追究。契合罪刑法定原则的人权保障机理，合理且科学。

四、结语

"丰县生育八孩女子案"从舆论哗然、谜团丛生到真相大白、尘埃落定，当我们拭去小花梅破碎的眼泪，在对小花梅悲惨命运惋惜同情的同时，也留下了对历史的沉思。本案始自 1998 年，与其历史背景息息相

---

① 石经海、徐钰佳：《刑事追诉时效的正当性根据与适用标准》，载《人民法院报》2023 年 8 月 24 日，第 6 版。

关。二十世纪八九十年代，在改革开放浪潮下，部分地区对基层社会的从严管控有所松动，车匪路霸、拐卖妇女等基层恶性事件相对频发。少部分基层存在大面积"灰色地带"，事情的是非曲直并不那么清晰，这就给如今的问题埋下了隐患。

今日中国是一个时空压缩的社会，带有不同观念的不同群体共存于一个时空中。拐卖妇女、儿童案的始作俑者或多或少都还残存旧时代的观念。但2023年在网络上关注到此事并发声的人，已经接受了工业化和城市化的洗礼。这一事件有许多"标签"，有很多解读视角，是我们这个剧变时代所赋予的。回到当时的历史背景和社会情境中，人贩子从西南地区拐带妇女到平原地带，也被一些人看作是"正常婚姻流动"。"买家"买媳妇的钱，无非就相当于介绍费和彩礼钱，他们未必觉得这是犯罪。正如本案中的桑合妞，就属于旧社会所称"三姑六婆"之一的"牙婆"，这一称呼广见于《金瓶梅》《水浒传》《红楼梦》《镜花缘》等古典小说。

历史遗留问题，很大程度上是以今日之眼光看待昨日之"问题"而带来的惊诧。对于历史遗留问题，比起"翻旧账"式清查，更合适的办法是个案化处理。随着时代进步，基层社会已在逐渐吸纳、消化历史遗留问题，我们应回到当时的历史情境、基层生态中考虑问题，承认当时的社会缺陷、观念落后，理性认识问题的根本，抽丝剥茧、逐层逐个处理好时间跨度长、牵涉面广的历史遗留问题，维护当事人权益、维护社会秩序，兼顾天理、国法、人情，不再制造次生灾害。

（薛子寒）

权利保卫的持久战

——易真武"敲诈勒索"被判无罪案

引　言

一国人权状况好不好，关键看本国人民利益是否得到维护，人民的获得感、幸福感、安全感是否得到增强，这是检验一国人权状况的最重要标准。[①]权利之于个人如同羽翼之于飞鸟，其存在对应着一人在社会空间中生活、劳动、交往、学习与娱乐等种种行动的自由伸展。而他人的权利之于个人则在社会空间中划定了伸展的疆界，过分侵夺他人的利益空间时，或许是他人自身，也或许是公权力，将出面予以反击或规制，使得权利空间的分配恢复至合理状态——若这种侵夺触及刑法的规制范围，则将面临刑罚的制裁。然而，个人与他人、私力救济与公力救济间的种种界限如何划定，并非是个简切了当的问题。从"分手时索要巨额赔偿"到"消费者主张天价索赔"，行使"权利"的边界始终是实践与理论界热议的话题。一方面，虽然私力救济是人类社会最原始、最简单的救济方式，但过度地赋予公民以私力救济的权利将挤压现代法治国家秩序维护统一化的运行[②]，对私力救济者的超额保护将形成对被行权者权益

---

①《习近平主席关于人权的最新论述》，求是网：http://www.qstheory.cn/zhuanqu/2022-05/26/c_1128686390.htm，2024 年 10 月 22 日访问。

②赵峰：《私力救济的法理分析》，载《北京理工大学学报》（社会科学版）2001 年第 3 期。

的不合理抑制；另一方面，由于公力救济在生成上是建构的，在引发上是被动的，在实施上是滞后的①，在理念上是抑制本性的，因此，对公民自行行使权利施加过于严苛的限制，事实上不利于实现权益的有效保护，进而可能为维护社会稳定增加许多成本乃至障碍。从社会治理的底线出发，我们首先势必要在权利行使与构成犯罪之间找到平衡。

耶林在《权利斗争论》中曾言，"否认和侵害我的权利亦即是否认和侵害法律，而保卫、主张和恢复我的权利亦即是保卫、主张和恢复法律"。②在这样一个案件中，主张权利的一方从面临十年以上刑期到最终被判决无罪，反观案件的被害人在案外的滔天势力终究换作铁窗里的忏悔。一时走投无路的包工头寄出的一封信，成了"最富法官"落马的导火索，也造就了他自己"嫌疑犯"的身份。无罪判决引得社会舆论称赞，但背后的法理探讨绝不能止步于此。这场自案发起长达四年多的"权利保卫战"，当事人究竟是赢是输，又为我们在权利行使规范上带来何种启示与反思，本文将作浅谈。

一、案情回顾③

（一）结款生端，同乡反目

本案的被告人易真武系一名建筑工程包工头，与案件当事人刘远生曾为合作关系。在结识刘远生后，2014年4月底，易真武与其兄易双全

---

① 徐昕：《通过法律实现私力救济的社会控制》，载《法学》2003年第11期。

② ［德］鲁道夫·耶林：《权利斗争论》，潘汉典译，北京：商务印书馆，2019年，第72页。

③ 本章对案件事实的梳理，参见《重庆市万州区人民法院刑事判决书》（2019）渝0101刑初30号；《包工头涉嫌"敲诈"高院副院长及商人前夫案始末》，微信公众号"财经杂志"：https://mp.weixin.qq.com/s/Tz6L_qElNPChAyzCFXh5mw，2024年10月22日访问；《"最富法官"案外，一名"敲诈嫌犯"等待脱罪的四年》，微信公众号"南方周末"：https://mp.weixin.qq.com/s/Nv8ki1lfulAC-YETWPvgjQ，2024年10月22日访问；《"最富法官"张家慧案，有后续了》，微信公众号"中国新闻周刊"：https://mp.weixin.qq.com/s/K-sszLAbCWZw865NmuvJ8w，2024年10月22日访问。

以其所挂靠公司重庆市万州区荣文建筑劳务有限公司（以下简称荣文公司）的名义承接了刘远生的迪纳斯公司投资建设的酒店工程，由迪纳斯公司负责向易真武方直接支付劳务工程款，合同约定劳务工程款为 1907 万余元。在签订合同过程中，易真武以实际施工面积增加等为由，要求增加劳务工程款，但刘远生在当时未予以认可。

施工过程中，易真武陆续对实际施工面积、误工费及设备租赁管理费、零星工程费、变更及增加工程量、加气砖改红砖差价、层面及雨棚贴瓦装饰工程等项目劳务工程款提出异议，要求增加劳务工程款，同刘远生多次磋商。2016 年 4 月，经协商，刘远生等人认可了易真武要求增加的部分劳务工程款，但对易真武主张增加的其余劳务工程款约 225 万元未达成一致。2017 年 11 月，易真武与易双全、刘远生等人确定劳务工程款共计 2260 万元，包含合同约定的劳务工程款、施工过程中增加和变更工程量产生的劳务工程款、因发包方原因导致停工等给荣文公司造成的各项损失以及施工过程中发生的伤残事故而产生的赔偿费用等，并约定其他未尽事宜由双方另行协商确定，但协议签章并不齐全。2018 年 1 月，迪纳斯公司将结算协议确定的劳务工程款 2260 万元付清，刘远生随即将易真武的手机号码拉黑。易真武以结算协议没有解决存在争议的劳务工程款 225 万元等为由多次联系刘远生，但未果。

（二）偷录筹码，索款被捕

自结识以来，因为是同乡，易真武一度同刘远生关系较近，并认识了刘远生前妻张家慧（双方于 2017 年离婚），张系海南省高级人民法院的国家工作人员。易真武曾偷录刘远生、张家慧与他人谈话的不当言论、私下赌博等不当行为的音视频，在 2018 年 4 月 8 日将含有音视频资料的 U 盘与一封手写信邮寄给时任海南省高级人民法院副院长的张家慧，请张家慧将音视频资料及其增加劳务工程款的要求转达刘远生。易真武在信中称：那笔劳务工程款并不被刘远生认可，因此也未纳入此前双方均签字的结算协议中，易真武签字是出于无奈，且碍于刘远生和张家慧的背景地位，对通过诉讼渠道解决工程款事宜没有信心，给张邮寄为"无奈之举"。

2018年4月12日，易真武到重庆市万州区找到了刘远生，以将偷录的音视频资料上传至互联网相威胁，提出增加劳务工程款200余万元。刘远生从其前妻处查看音视频资料后，与易真武多次通过电话和短信联系，约定同年5月16日在万州区进行协商。2018年5月16日，易真武随身携带录音设备来到刘远生的办公室，办公室内则安装有室内监控设施。易真武提出，根据他此前的测算，应该补给他225万元劳务工程款，扣除刘远生已转给他的30万元，凑整再给他200万元。刘远生表示同意，但提出分期付款。同年5月30日，刘远生向易真武转账50万元，随即以易真武对其敲诈勒索为由向公安机关报案。此后，易真武与刘远生继续就此事进行协商。2018年6月14日，易真武如约再次来到刘远生万州的办公室商谈。当日，易真武因对刘远生拖延付款不满，不再同意从225万元劳务款中扣除之前转账给他的30万元。商谈最后，易真武写下一份保证书。保证称，收到刘远生余下的175万元劳务费后，确保已录制的音视频不以任何形式对外公开并且销毁，从此不再另找刘远生要钱。同时，公安机关接到刘远生提供的线索，在易真武走出刘远生的办公室后将其抓获。2018年6月15日，易真武被刑事拘留。

（三）一波三折，终判无罪

2019年4月30日，案件一审公开开庭审理，此次开庭最终以休庭告终。与此同时，相关音视频资料的曝光引发社会广泛关注。一个月内，张家慧及刘远生陷入举报风波，被举报掌握超百亿资产，刘远生直接或间接控制多家公司。2019年5月31日，海南省政法委发布通报称，海南省高级人民法院副院长张家慧涉嫌严重违纪违法，接受省纪委、监委审查调查，迪纳斯公司实际控制人刘远生涉嫌违法犯罪，接受公安机关侦查。这令易真武的案件被中止审理。2020年12月，张家慧因构成受贿、行政枉法裁判、诈骗罪，一审获刑18年。2021年，刘远生因构成受贿、虚假诉讼、帮助伪造证据、伪造公司印章罪，一审获刑 14 年 6 个月。

2021 年 1 月 27 日，此案才得以再次开庭，后仍以休庭告终。2022 年 1 月 29 日，易真武被取保候审，结束了 1325 天的羁押生活。2022 年 12 月 28 日，法院作出一审宣判。一审法院认为，公诉机关举示的证据足以认定被告人易真武在本案中客观上实施了胁迫行为，但不足以证实被告人易真武在本案中主观上具有非法占有他人财物的目的。

一审法院指出，本案中，被告人易真武因其要求增加劳务工程款的主张未得到刘远生认可，以向社会公布其之前偷录的关于刘远生及其前妻不当言行的音视频资料相胁迫，意图迫使刘远生同意增加劳务工程款，应认定为胁迫行为。但在非法占有目的上，第一，被告人易真武与刘远生的劳务工程合同及民事纠纷真实客观存在，劳务工程款争议真实客观存在；第二，被告人易真武索取财物的数额始终在其民事纠纷主张的 225 万元范围内。易真武在随 U 盘寄给刘远生前妻的书信中，以及此后与刘远生多次协商的过程中，所要求增加的工程款均未超出 225 万元的范围；第三，结算协议存在不完备之处。被告人易真武与刘远生对存在争议的劳务工程款项目及金额各执一词，且结算协议约定其他未尽事宜由双方另行协商确定、协议自广冶公司和荣文公司盖章后生效。易真武认为协议未涵盖的争议项目属其他未尽事宜，其在结算协议履行完毕后继续向刘远生索要劳务工程款，主观上是基于维护自己权益的目的，且本案在案的两份结算协议签章均不齐全，故其主张并非完全不符合事实。

综上，一审法院认为，被告人易真武偷录他人言行，并以向社会公布相要挟，迫使刘远生给付存在争议的劳务工程款的事实清楚，证据确实、充分。在民事活动中，应遵循自愿、平等、诚实、守信的原则，遇有纠纷应通过法定程序予以解决，易真武的行为违反了民事活动中自愿原则，且手段卑劣，既不符合我国社会主义核心价值观，也违反相关法律规定，应作否定性评价。易真武是否构成敲诈勒索罪，人民法院应严格遵循刑法的具体规定，坚持罪刑法定原则和证据裁判原则，进行审慎判断。现行《刑法》第二百七十四条规定，以非法占有为目的，敲诈勒索数额较大及以上的公私财物，构成敲诈勒索罪。敲诈勒索罪要求行为人主观上具有非法占有他人财物的目的，客观上实施了采用威胁、要挟、恫吓等手段迫使被害人交出财物的行为。在本案中，易真武客观上实施了胁迫行为，但要成立敲诈勒索罪，还须易真武主观上具有非法占有他人财物的目的。公诉机关未能举示确实、充分的证据证实易真武主观上具有非法占有他人财物的目的，故指控易真武犯敲诈勒索罪的证据不足。易真武在本案中的行为亦不符合我国刑法分则规定的其他犯罪构成要件。因此，对易真武应当依法宣告无罪。易真武对于判决结果表示认同，并称正在考虑是否申请国家赔偿。

二、实体分析：无罪结论之展开

法院对被告人易真武作出了无罪判决，但值得我们思考的绝不仅停留在这样一个看似皆大欢喜的结论之上——从判决出发向理论延伸，尚有诸多内容可供展开。敲诈勒索罪规定在我国现行《刑法》第二百七十四条，法条表述为"敲诈勒索公私财物，数额较大或者多次敲诈勒索的，处三年以下有期徒刑、拘役或者管制，并处或者单处罚金；数额巨大或者有其他严重情节的，处三年以上十年以下有期徒刑，并处罚金；数额特别巨大或者有其他特别严重情节的，处十年以上有期徒刑，并处罚金。"其中，立法者并未对何为"敲诈勒索"作出进一步阐释。通说认为，敲诈勒索的基本结构为，以非法占有为目的的威胁或恐吓他人，使对方产生恐惧心理并交付财物，行为人或第三者取得财产，被害人遭受财产损失[1]。结合本案，笔者将着重从两项关涉构罪的问题予以铺陈。

---

[1] 张明楷：《刑法学（第6版）》，北京：法律出版社，2021年，第1329页。

（一）"被害人恐惧"的刑法定位

如前所述，在敲诈勒索罪的基本行为结构中，存在数个客观构成要件要素，但法条本身未予释明，学理上称之为"不成文的构成要件要素"[①]。对此，需要结合规范目的进行解释，"被害人基于恐惧心理交付财物"即为其中之一。本案中，易真武以公开刘远生、张家慧不良行为音视频为筹码，迫使对方满足自己的要求，法院认定该行为客观上属于敲诈勒索罪中的"威胁恐吓"。但其中值得一提的是，如果刘远生给易真武交付 175 万元工程款并非出于对其胁迫行为的恐惧，而是为了将易真武绳之以法而故意设下的圈套，那么是否还应认定易真武的行为符合敲诈勒索罪（既遂）的客观方面？易言之，敲诈勒索罪中"被害人恐惧心理"是否为必要的构成要件要素？

通说认为，被害人需基于对恶害的恐惧而交付财物，如果是出于怜悯、不屑等其他情绪，则至少不能成立既遂。[②]但也有学者提出，现行《刑法》第二百七十四条并未明文规定"恐惧"，且所谓"恐惧"仅为精神强制的表现之一，如果要求被害人必须陷入恐惧并基于恐惧交付财物，则存在着不能完全归纳社会现象、不能形成明确标准、不符合以被告人为对象的规范表述模式，不宜解决法人被害的特殊情形等一系列问题，进而，以"被害人意思形成自由受到强迫"作为构成要件要素更为妥当。[③]笔者认为，该观点将"被害人恐惧"的要素表述从事实化向规范化发展，具有一定的合理性，也有助于避免在判断行为是否符合构成要件时，过分依赖于被害人的心理表现，而削弱定罪的客观性。易言之，精神强制应为刑法定性的要义，对于面对敲诈不恐惧但又"不得已"的

[①] 陈兴良、周光权、车浩主编：《刑法各论精释》，北京：人民法院出版社，2015 年，第 570—571 页。

[②] 周光权：《刑法各论（第 4 版）》，北京：中国人民大学出版社，2021 年，第 152 页；韩忠伟：《关于敲诈勒索罪几个问题的探讨》，载《检察实践》2001 年第 5 期。

[③] 蔡桂生：《敲诈勒索罪中"被害人恐惧必要说"之证伪及其出路》，载《苏州大学学报》（法学版）2019 年第 4 期。

情形，若以不存在"恐惧"心理为由否定犯罪的成立，显然是不合适的。

与此同时，对"被害人交付财物的原因"这一构成要件要素的限定，可能会影响犯罪既遂、未遂的成立。公诉机关的起诉意见认为，被告人易真武以非法占有为目的，敲诈勒索他人钱财，数额特别巨大，应当以敲诈勒索罪追究其刑事责任。建议判处易真武十年以上有期徒刑，并处罚金——哪怕暂时先将易真武能否脱罪的问题搁置，可以看出，公诉机关作出十年以上有期徒刑的量刑建议，意味着认为易真武不仅实施了敲诈勒索行为，且构成既遂。如果采取前述"被害人恐惧"说，一些类似情况下的结论可能会与前述认定相悖，如"虽然被害人已与被告人商定了交付钱款的时间、地点及金额，但随后被害人的报案行为表明其主观上已无交付钱款的意愿。客观上被告人虽然依约按时前往约定地点，但就在被害人交付钱款时，公安人员已在交付地点布控，公安人员在不惊动被告人的情况下，秘密地对被告人的犯罪行为进行了监控，并伺机抓捕了被告人。"①若本案符合以上描述，则或许存在着控制下交付的情况，行为人敲诈勒索与被害人交付财物之间的因果关系可能已经松动甚至断裂，进而能否认定行为达至危害结果构成既遂，是值得讨论的。笔者认为，将被害人交付财物的原因限定为"恐惧心理"，或将使得警方提前布控这一因素的影响过大；当然，若采"强迫被害人意思形成自由"的观点，这一因素并非没有影响，但程度上会有区分。本案中，辩方曾提出，刘远生存在提前准备好报警材料，打入部分争议工程款一小时后就直接报警，诱导易真武撰写收到剩余款项后不再敲诈勒索的保证书的行为，事实上是给易真武"设套"，但这并未得到一审法院的认定。根据"强迫被害人意思形成自由"的观点，刘远生交付工程款的行为确属对易真武以音视频资料相威胁下的非自愿之举；但若根据"被害人恐惧说"判断，则有一定可能会得出不同结论：如果能够确证刘远生存在提前联系警方，使警方能够准确布控并在刘远生给付175万元后直接抓捕易真武的情况，

---

① 何仁利、孙红日：《控制交付条件下敲诈勒索罪的犯罪形态》，载《人民司法》2015年第8期。

即"为抓捕罪犯而在警察安排下交付财物"①，那么"行为人实施敲诈勒索行为之时，由于警方监控的存在，被害方实际上根本就不会产生什么恐惧心理"②——进而，可能结合"被害人恐惧说"得出被害人不存在恐惧心理，不构成犯罪既遂的结论。

值得一提的是，有观点认为，若犯罪在警方控制之下，则随时可以终止，即便物理上完成了交付动作，行为人也不可能真正形成对财物的占有，故而认定为未遂较为恰当③；亦有观点指出，"国家破例不遵守应该立即制止犯罪行为的义务，放任行为人进行的交付行为所可能带来的否定评价不应该由行为人承担。"④ 易言之，部分学者认为，若"控制下交付"之"控制"达到了能够随时制止犯罪的程度，则一律不宜将此时的交付结果认定为犯罪既遂。当然，囿于案情细节的信息残缺，笔者尚不能断言刘远生为警方提供线索并邀约易真武，对其支付175万元的行为性质及所处环境，但从检方的起诉意见来看，这一点的判断在相当程度上是被忽略的。在现有的案件背景下，只能强调，被害人刘远生究竟是否存在恐惧心理、是否存在交付的意志自由、警方控制是否足以使易真武不能既遂，直接关系到该案的判断结论。

（二）"以非法手段实现债权"的刑法定位

本案更为核心的问题在于认定易真武无罪的依据。从一审法院的判决主文中可以发现，法院首先肯定了易真武在客观方面的不法，认为其实施的行为确属"胁迫"；其次，法院在主观方面否定了易真武的非法占有目的，进而以此认定易真武不构成敲诈勒索罪，只是应对其胁迫行为给予否定评价。但是，判决中这样一段表述足以引发对过度维权行为

---

① 周光权：《刑法各论（第4版）》，北京：中国人民大学出版社，2021年，第152页。

② 蔡桂生：《敲诈勒索罪中"被害人恐惧必要说"之证伪及其出路》，载《苏州大学学报》（法学版）2019年第4期。

③ 黄维智：《控制下交付法律问题研究》，载《社会科学研究》2007年第2期。

④ 陈京春：《控制下交付案件中犯罪既遂与未遂的认定——以贩卖毒品罪为研究对象》，载《法学论坛》2012年第3期。

的进一步思考——"易真武的行为违反了民事活动中自愿原则，且手段卑劣，既不符合我国社会主义核心价值观，也违反相关法律规定，应作否定性评价。"① 也就是说，易真武的行为确实存在手段上的不法，但由于法院在主观方面对被告人完成了脱罪，此处的"否定性评价"也就不再具有刑法上的意义。然而，这种结论是否在理论体系上贯通恰当，在处理效果上达成所愿——或说，刑法究竟应如何评价这种过度维权的行为——学理上仍观点不一②。界限的划定和理由的统一，一则决定了财产秩序的维护力度；二则关系到司法实践与刑法体系的一贯性；三则影响着刑法的行为指引与犯罪预防作用的发挥。

需要说明的是，围绕过度维权行为，存在以下类型化的讨论。首先，就债权债务关系而言，需关注债务属性，对合法债务和非法债务进行区分是毋庸置疑的（我国《刑法》已明确规定催收非法债务罪），前者才隶属于"维权"的讨论空间。本案中，虽然易真武与刘远生就225万元工程款始终没有达成一致意见，但案情显示，合同中存在"约定其他未尽事宜由双方另行协商确定"这一条款，且最初签订的工程款合同签章不齐全。在后续工程款交涉过程中，易真武对工程款的异议有明确依据，且未曾改变数额。综合以上情节，虽然涉案债权债务的数额存在民事争议，但仍属合法的债权债务关系。

其次，应作出维权手段过度与权利内容过度的区分。其中，前者的突出表现即为以本案为代表的"以非法手段自力实现债权"，而后者的典型例证则如"消费者天价索赔案"等常见情形③。鉴于二者的讨论路径有别，囿于篇幅，本文暂只对本案所呈现的"以非法手段自力实现合法债权"的刑法评价展开探讨。对此，尽管学界议论纷纭，但可以形成的多数共识为不宜对这类行为一律以犯罪论处，所以评价的重点在于以何种

---

① 《重庆市万州区人民法院刑事判决书》（2019）渝0101刑初30号。

② 于改之：《自力实现债权行为的刑法教义学分析——以我国〈刑法〉第二百三十八条第三款的性质为基础》，载《政治与法律》2017年第11期。

③ 简爱：《过度维权的罪与罚——兼评李海峰天价索赔今麦郎获刑案》，载《法学》2017年第2期。

理由对哪一范围得出无罪结论。基于阶层论的犯罪构成体系[1]，既有观点可以概括为两类：一是从犯罪的构成要件上直接否定犯罪成立；二是在符合构成要件的基础上，因违法性的欠缺等而不构成犯罪。二者在理论基底、判断逻辑、处理效果和社会反馈上将各有不同。

1.路径一：行为不具备构成要件符合性

本案中重庆市万州区人民法院所采取的观点为，由于行为人索债是基于实现自己民事权利的目的，且索取数额没有超出债权数额，应当认为行为人不具有非法占有目的，进而，即使自力救济的手段非法，也不应该构成财产犯罪，但若手段造成如轻伤以上的其他后果的，应承担故意伤害罪或其他犯罪的责任[2]。以非法占有目的之欠缺否定此类行为符合犯罪构成，是司法实践目前较为普遍的做法[3]。尽管"非法占有目的不要说"（即不要求行为人有不法取得意思，而只要求有夺取财物的故意）在各国学界尚有支持者[4]，但我国司法实践仍普遍将行为人的非法占有目的作为取得型财产犯罪的主观超过要素。敲诈勒索罪作为取得型财产犯罪下的交付型财产犯罪，这一要求同样被广泛承认。

如何解释"非法占有目的"中的"非法"是其中的核心问题。否定"以非法手段自力实现债权"具备非法占有目的的观点认为，不应仅以手段不合法认定非法占有目的，手段行为与是否侵犯了财产权是不同性质的问题——如果行为人客观上采取刑法禁止的手段，就意味着非法占有目的的成立，那么非法占有目的将在财产犯罪中丧失独立意义[5]。对此，一个核心论据为现行《刑法》第二百三十八条第三款，"为索取债务非法

① 即判断犯罪构成时，阶层式地考察构成要件符合性、违法性和有责性。

② 刘明祥：《财产犯罪比较研究》，北京：中国政法大学出版社，2001年，第106页。

③ 相关案例，如"沈瑜敲诈勒索被判无罪案"，《上海市第一中级人民法院刑事裁定书》（2019）沪01刑终1287号；"郭六英等敲诈勒索案"，《江西省新余市中级人民法院刑事裁定书》（2020）赣05刑终48号等。

④［日］山口厚：《刑法各论（第2版）》，王昭武译，北京：中国人民大学出版社，2011年，第231—232页。

⑤ 周光权：《权利行使与财产犯罪：实践分析和逻辑展开》，载《现代法学》2023年第2期。

扣押、拘禁他人的，依照前两款的规定处罚。"——据此，以非法拘禁这一非法手段实施索取债务这一合法目的的，刑法仅评价其非法的手段行为（当然，本条还涉及索取非法债务的定性问题，本文对此暂不予展开）。因此，当债权人的行为是以实现自身合法权利为目的时，其非法手段行为的目的事实上是合法的，易言之，与非法占有他人财物的目的是不能共存的[①]。

更进一步的分析认为，对于"非法"的判断应结合财产犯罪的保护法益，评价占有目的是否具有非法性。[②] 我国司法实践与传统通说一致认为，取得型财产犯罪保护的法益是所有权，即"狭义的本权说"。这种观点认为，单纯的占有不是侵犯财产罪的保护法益。《最高人民法院关于审理盗窃案件具体应用法律若干问题的解释》（法释〔1998〕4号）规定，"偷拿自己家的财物或者近亲属的财物，一般可不按犯罪处理"，虽然该解释目前已被废止，但司法实践一贯采纳"所有权说"的态度在其中可见一斑。但问题在于，在行为人以盗窃方式盗回自己财物的场合，"所有权说"的应用是较为顺畅的。即行为人未侵害被盗人对财物的所有权，不具有非法占有目的。而在实现债权的情形当中，"本权"不再以"所有权"的方式呈现。张明楷教授指出，取得型财产犯罪的法益"首先是财产所有权及其他本权，其次是需要通过法定程序恢复应有状态的占有；在相对于本权者的情况下，如果这种占有没有与本权者相对抗的合法理由，对于本权者恢复（行使）权利（占有物取回权）的行为而言，则不是财产犯的法益"[③]。根据这一观点，对于负有（到期）清偿义务的债务人而言，其不具有对抗债权人的合法理由，债权人行使债权的行为不具有侵犯对方财产法益的目的，也就不能认为具备非法占有目的。

还有部分观点从另一视角切入，即，以非法手段自力实现债权的行

---

① 董玉庭：《行使权利的疆界——敲诈勒索罪与非罪的理论解析》，载《法律适用》2004年第9期。

② 于改之：《自力实现债权行为的刑法教义学分析——以我国〈刑法〉第二百三十八条第三款的性质为基础》，载《政治与法律》2017年第11期。

③ 张明楷：《刑法学（第6版）》，北京：法律出版社，2021年，第1224页。

为不符合财产犯罪的客观方面的具体理由在于，被害人的财产法益并未受到损害，或说并不产生财产减损。"敲诈勒索罪作为财产犯罪，其本质是不法取得他人财物。在依据合同等主张民事权利的场合，应当认为被害人在债权范围内，原本就有按照合同约定支付金钱的义务，行为人强迫他人交付财物的，只是获得了其应当得到之物，而未取得非法的财产利益；被害人的支付义务早就应当履行，其就不存在实质的财产损害。"[1]这一观点背后的理论支撑在于，敲诈勒索罪等财产犯罪所保护的是财产的整体经济价值[2]。也就是说，既然债务人负有对债权人交付财产以履行债务的义务，则债务人相对于债权人而言的财产属于责任财产[3]，以其他手段将该部分财产取回时，就不能认为债务人的整体财产有所减损。[4]这种论证方式的前提事实上也是将此类财产犯罪保护的对象视为经济的财产本身，而非对财产的占有事实。

在多数论述中，"被害人没有财产损失"与"行为人不具有非法占有目的"事实上是一个观点的两个侧面。论者或是将前者作为后者的论据，或是二者相互补强。究其原因，这两个侧面所关注的都是财产变动是否符合财产秩序[5]。当行为人是在行使自己固有的合法权利时，这种权利行使将使得其行为引发的财产变动在法秩序下不应受到谴责——当然，如果其手段行为违反了刑法分则规定的罪名，则此时法秩序谴责的已然不是财产变动这一结果，而是手段本身。而值得一提的是，我国《刑法》并无如日本等国规定有胁迫罪等罪名，即单纯实施胁迫的手段行为不构成犯罪；此外，本案中，易真武威胁曝光的系案件当事人真实的言行，亦不涉及人格侮辱的内容，故也无侮辱罪、诽谤罪的成立空间。

---

① 周光权：《权利行使与财产犯罪：实践分析和逻辑展开》，载《现代法学》2023 年第 2 期。

② 周光权：《权利行使与财产犯罪：实践分析和逻辑展开》，载《现代法学》2023 年第 2 期。

③ 王泽鉴：《债法原理》，北京：北京大学出版社，2013 年，第 75 页。

④ 武良军：《暴力、胁迫行使债权行为的刑法评价——以司法案例为中心展开分析》，载《政治与法律》2011 年第 10 期。

⑤ 徐凌波：《债权行使与非法占有目的的非法性认定》，载《中外法学》2023 年第 3 期。

2. 路径二：行为不具备违法性

尽管前述观点在我国十分强势，但理论界仍不乏反思与批判的声音。这种批判并非空穴来风——一方面，司法实践中确实未能实现对类似案件采取无罪结论的基本统一；另一方面，在行使的债权与对应的债务之间存在特殊情形时，一概认为这种私力救济行为不符合犯罪构成要件，将存在些许疑问。

首先，持此见解者认为，前述处理办法没有贯彻现代法治国家禁止私力救济的基本理念。"禁止私力救济已经成为现代法体系的基本原则，其意义在于强制公民利用法律程序解决纠纷。"[①] 其次，相关论者进一步主张，不能认为非法实现债权对债务人而言没有财产损失。主要包含以下几个原因：第一，敲诈勒索罪等犯罪是针对个别财产而非整体财产的犯罪；第二，不应混淆物权与债权之分，行为人所享有的只是债权而非所有权；第三，债务人对财物的占有是合法占有，是值得保护的；第四，若认为类似行为不造成财产损失，则无法合理解决不确定债权的问题；第五，持有一定数额的财物，与一定数额的债务归于消灭，二者的事实价值与经济价值是不相等的。[②]

在此基础上，相关论者认为以敲诈勒索、诈骗等方式自力实现债权的行为，符合刑法分则中相应罪名的构成要件。但应在违法性阶层否定犯罪的成立——王昭武教授在此引入了社会相当性作为是否不具备违法性的判断标准。有关如何判断"社会相当性"或说"实质违法性"，日本对此的理论研究较为充分，判断内容包括：（1）行为目的为行使权利这一正当的目的；（2）为了实现该债权所采取的实力没有超出社会一般观念所允许的程度，是相当的；（3）为了实现权利，所采取的手段在程度上是否必要；（4）被害人的反应。[③] 若借鉴这一判断方法审视"易真武

---

① 王昭武：《比较法视野下的权利行使与财产犯罪》，载《中国法律评论》2023 年第 4 期。

② 王昭武：《以非法手段私力实现债权行为的刑法定性》，载《政治与法律》2023 年第 9 期。

③ ［日］木村光江：《财产犯论的研究》，东京：日本评论社，1988 年，第 515 页，转引自王昭武：《比较法视野下的权利行使与财产犯罪》，载《中国法律评论》2023 年第 4 期。

案",那么易真武的目的为实现自身权益,且所主张数额没有超出一般观念,基于对方的权势地位,采取更温和的诉讼手段难以实现权益,因此以公开对方不当言行相要挟可以认为具有必要性和相当性,从而认为易真武的行为不具有实质违法性,不成立犯罪。

但是,这一路径存在以下几点问题:第一,前述"社会相当性"的判断在诸多细节上仍然面临模糊性与恣意性的质疑,譬如,因为对方为高级人民法院院长而认为诉讼途径无法实现权利,这种必要性的判断是否成立,或许在价值判断上是因人而异的。第二,"社会相当性"是否能成为独立的超法规的违法阻却事由,尚缺乏充足的论证。虽然有观点将权利行使作为超法规的违法阻却事由,并在具体判断中以比例原则(在内容上与前述社会相当性理论有相似之处)展开,同时考量结果价值和手段价值①,但这种判断在财产犯罪中如何具体地应用,仍有待展开。第三,我国司法实践显然不宜直接套用日本的裁判路径。笔者认为,在我国语境下,上述观点或许在现行《刑法》第十三条"但书"下存在一定的适用空间,即以情节显著轻微、危害不大作为具有社会相当性的具体呈现。但不容忽视的是,现行《刑法》第十三条的体系定位本就不甚明晰,且多数学者目前赞成将其实质化于构成要件的判断中。

3. 特别的思考:未确定的债权

不得不承认的是,认定以非法手段自力实现债权的行为不具有非法占有目的或不产生财产损害,是一种操作更便捷、适用更统一的路径。但违法性出罪观点的一项论据在"易真武案"中极为有力——易真武与刘远生之间的债权债务关系并不是明确的。尽管易真武主张的标的额始终保持在225万元,且也可以排除其非法债权的属性。但由于合同规定不明、签章不全,双方的债权债务关系处在纠纷当中,尚未形成对当事人有明确拘束力的权利义务。这也就对应于上文中反对观点的第四项原因。从规范意义上说,在易真武与刘远生未对债权债务内容达成一致

---

① 范洁:《论权利行使与网络公共言论的出罪》,载《南大法学》2023年第5期。

时，这 225 万元并未成为易真武固有的债权标的，刘远生也不当然负有清偿的义务。在协商不一致的情况下，相关的民事诉讼程序理论上应为确权的前提。本案中，存在着刘远生前妻为法院系统领导、易真武有一定证据证明其索要款项的正当性（若提起民事诉讼则其主张有较大概率获得支持）等背景情况，使得案件在观感上倾向于为其债权尚未确定寻得"情有可原"的原因。但是，个案的"情有可原"难以为统一的判断方案提供论据。是否构成犯罪的标准显然不能建立于一个民事裁判结论的发生概率之上。假如将案情稍作改动，双方仅为势均力敌的两方普通商人，一方为行使存在争议的债权，不通过民事诉讼而直接以敲诈方式要求对方履行，此时或许就很难直接再作出无罪结论。据此，能否认为"以非法手段主张不确定债权"不会对债务人造成财产损害，似乎直接得出肯定的答案会面临阻碍。因为无论易真武所主张的 225 万元工程款在双方的合同纠纷中有多大概率能得到法律的认可，在其实行敲诈行为时，该笔款项确实处于未定的纠纷状态中。而刘远生"直接给付 225 万元"这一财产变动对其整体财产带来的影响，显然无法等同于"225 万元债务可能成立"的影响——概括地说，如果债务人拥有"值得保护的利益"[1]，如期限的利益、清算的利益等，或者债权的内容尚有争议，债务人具有在民事诉讼中请求的正当利益，此时以胁迫手段实现债权，仍有可能成立敲诈勒索罪。[2]

基于此，前述在构成要件阶层否定构罪的路径，是否的确难以直接适用于所有自力实现债权的行为呢？对于行使不确定债权的行为定性，不妨作更深一步的讨论。结合本案，笔者的初步思考如下。首先，需要追问的问题之一是，刑事定性是否必须以民事裁判为基准？以"易真武案"为例，虽然易、刘二人的工程款纠纷依据民事合同是存在争议的，即易真武的权利数额尚不确定，但并不意味着，易真武所主张的债权是违法的。笔者认为，易真武仍可以实质地（而非借助一个生效的民事裁

---

[1] 孙运梁：《法秩序统一视野下敲诈勒索罪的认定》，载《法治现代化研究》2022 年第 4 期。

[2] 张明楷：《刑法学（第 6 版）》，北京：法律出版社，2021 年，第 1334 页。

判）证明，自己索要的数额具有合理依据。一方面，在债务人拒不履行债务的情况下，双方多对债权债务关系存在异议，法规范可以提倡双方先以民事诉讼程序解决纠纷，但没有理由直接以刑罚处罚未选择诉讼程序但具有实质正当性的一方；另一方面，现实生活中，在成本、习惯、社会影响等因素的影响下，当事人往往并不必然选择通过诉讼途径解决种种民事纠纷。而当存在争议的合同内容成为决定是否成立犯罪的因素时，刑法应具备独立的判断能力。如一审判决所言，易真武的主张"并非完全不符合事实"，不宜被认定具有非法占有目的。也就是说，主张存在纠纷的民事权利能否认定为是具有维护权益而非非法占有的目的，需要在刑事框架下对行为作出实质判断，如，行为人所主张权利的价值是否有充分证据支撑，是否超出了社会一般观念，是否存在歪曲事实、故意编造等足以确证不当目的的行为。在"易真武案"中，笔者认为，能够证明其不存在非法占有目的的关键证据之一是，二者订立涉工程款合同时存在兜底条款用于协商，易真武自合同缔结时即对工程款数额有异议，且其自始至终主张的都为同样数额，这种主张并不是在敲诈行为时产生的，应当认为其以维护权益为目的。总的来说，若存在生效的民事判决对债权债务关系及其具体内容予以确定，则这可以成为债权人主张债权的直接依据；但对于没有生效判决的场合，一律认为行为人行使的不是正当权利乃至于存在刑法上的非法占有目的，则是忽略了刑法对行为的实质判断。前文中"仍有可能成立敲诈勒索罪"的相对化表述，或许也是为这种实质化判断提供了空间。

当然，在笔者的思考之外，上文中的第二种出罪路径仍然是一种可供探索的选择。即，易真武的行为符合敲诈勒索罪的构成要件，但仍需判断其行为是否具有社会相当性，能否阻却违法性[1]；或在我国语境下，能否认定为"情节显著轻微，危害不大"的行为。值得一提的是，这两种路径虽然都能达至出罪结果，但其在法效果与社会效果上存在差异。

---

[1] 王昭武：《以非法手段私力实现债权行为的刑法定性》，载《政治与法律》2023 年第 9 期。

违法性阶层的出罪意味着行为符合犯罪构成要件，违法性应作为例外的证明结论，而这将形成一种对一般公民的"违法为常态，合法为例外"的宣誓。笔者认为，对于一般的合法确定的债权，应当一概地在构成要件阶层出罪；而对于如"易真武案"的不确定债权而言，我们或许还可以在上述两种路径中多作权衡。

三、程序反思：关于未决羁押

易真武的一纸无罪判决虽为其洗去嫌疑，但看守所里上千个日夜已然使其身心、家庭、职业等诸方面都受到了难以挽回的打击。当然，刑事诉讼流程本身所需要的时间成本是无可非议的。但在整个诉讼过程中平衡案件办理与被告人权利保障，是为案件的公平正义拦截的程序底线。本案中，易真武获得了实体上的公正判决，但根据相关报道，其2018年6月被逮捕，2019年4月一审第一次开庭审理，后经中止审理、延期审理，第二次开庭为2021年1月27日，而直至又过了一年之后，2022年1月29日，易真武才得以取保候审，被羁押三年半有余。一审宣判无罪后的易真武走出法院大门时，面对他人对他的祝贺并无动情，不能排除是前期对自由过分剥夺的痛苦已不能被最终的无罪结论所抹去。如本文标题所述，易真武这场"权利保卫战"是一场"持久战"——但究竟是否应当如此持久，未免需要反思：这种"超长羁押"是否存在违反刑事诉讼规定的嫌疑，对易真武的逮捕与羁押是否必要，相关规定又是否存在缺漏，国家赔偿是否足以化解这对当事人造成的损害，是在无罪判决之外仍然值得关注的问题。

易真武在看守所中的一千多日，在刑事诉讼法上对应着"未决羁押"这一概念。即指在法院作出生效裁判之前，犯罪嫌疑人、被告人被剥夺人身自由的状态。"与刑事拘留和逮捕相比，羁押并不是一种法定的强制措施，而是由刑事拘留和逮捕的适用所带来的持续限制嫌疑人、被告人人身自由的当然状态和必然结果。"[①]与此同时，我国现行《刑事诉讼法》第九十八条规定，"犯罪嫌疑人、被告人被羁押的案件，不能在本法规定的侦查羁押、审查起诉、一审、二审期限内办结的，对犯罪嫌疑人、被告人应当予以释放；需要继续查证、审理的，对犯罪嫌疑人、被告人可以取保候审或者监视居住"。也就是说，除了侦查阶段对犯罪嫌疑人的羁押存在明确的法定期限，自移送审查起诉起，到全部诉讼阶段终止，犯罪嫌疑人、被告人的羁押期限将依附于审查起诉、一审和二审的期限，换言之，"无论是在适用理由还是适用程序上，未决羁押都基本上依附于整个刑事追诉活动而没有形成独立、封闭的司法控制系统"[②]。

在侦查阶段，由于刑事诉讼法存在一般侦查羁押期限、特殊侦查羁押期限、重大复杂案件的侦查羁押期限的规定，因此在此阶段认定羁押超期时多可依循直接的法律规范。但自审查起诉时起，羁押就进入被系统性弱化的状态下。即，只要案件没有超出审查起诉期限或审限，对犯罪嫌疑人、被告人的羁押就不存在所谓"超期"的概念，也就滋生了所谓"隐性超期羁押"的现象。即刑事诉讼中有关专门机关和办案人员，采取规避法律规定或编造理由的方法取得延长羁押法律手续的超期羁押，以形式上的不超期羁押掩盖实质上的超期羁押。[③]

关于易真武的羁押状况，笔者存有两点疑问：第一，由于并未掌握"易真武案"自侦查至审判的全案情况，依据裁判文书与有关报道中的日期，"易真武案"是否存在超期审理导致的超期羁押？第二，即使审理未超期，即羁押在形式上未超期，对易真武是否有必要始终维持羁押状态？在此基础上，进一步的反思是，如何真正落实未决羁押过程中的羁押必要性审查工作，以及现有关于羁押的法律制度是否具有完善的必要。

易真武自被逮捕处于羁押状态后，直至 2022 年 1 月 29 日才被取保

---

① 陈瑞华：《未决羁押制度的理论反思》，载《法学研究》2002 年第 5 期。

② 陈瑞华：《未决羁押制度的理论反思》，载《法学研究》2002 年第 5 期。

③ 李津媛：《隐性超期羁押的原因和对策分析》，载《山西省政法管理干部学院学报》2017 年第 4 期。

候审。虽然期间存在中止审理、延期审理等程序环节，但仍然可以结合各诉讼阶段的期限规定作出大致的推算。首先，侦查阶段有明确的侦查羁押期限规定。根据现行《刑事诉讼法》第一百五十六至第一百六十条的规定，易真武的行为不存在第一百五十八条规定的"交通十分不便的边远地区的重大复杂案件"、"重大的犯罪集团案件"、"流窜作案的重大复杂案件"、"犯罪涉及面广，取证困难的重大复杂案件"等情况，案情相对简单清晰，案件当事人具体，涉案行为仅为一人所为，属于典型的应适用现行《刑事诉讼法》第一百五十六条一般侦查羁押期限的普通案件。根据规定，其羁押期限经上一级人民检察院批准，最长可为三个月。其次，在审查起诉阶段，根据现行《刑事诉讼法》第一百七十二条的规定，若无改变管辖等特殊情况，且本案不存在认罪认罚，则最长应在45日内作出决定，其中，若检察院认为需要补充侦查，则最多可再延长两个月。再次，在审判阶段，根据现行《刑事诉讼法》第二百零八条规定，本案作为普通公诉案件，一审审限至多不得超过三个月。即使存在向上一级法院申请延长审限的情况，也只可再延长三个月。最后，本案中存在中止审理的情形，根据现行《刑事诉讼法》第二百零六条规定，中止审理的原因消失后，应当恢复审理。结合判决书可以发现，2021年1月，"张家慧案""刘远生案"均宣判，同月27日，此案再次开庭。也就是说，唯一没有确定期限的中止审理反而没有拖延诉讼进程。

显然，"易真武案"自逮捕至宣判所耗费的时间远远超出了各程序法定期限（包括中止审理时段）的总和。当然，此处聚焦的并非法院超期审理的问题——法院系统案件积压的压力现实存在，将案件审理完全矫正至合规期限内并非朝夕之功。在对司法实践的部分"妥协"下，格外需要关注的是羁押问题：自中止事项结束，案件恢复审理的一年后——2022年1月29日，易真武才终于被取保候审，在此之前，其始终处于被羁押状态。

但是，我国《刑事诉讼法》自2012年起即增设羁押必要性审查制度，由检察院负责在诉讼流程全阶段审查羁押必要性。"易真武案"中，一方面，易真武的行为具有一定行使权利的属性，是针对刘远生与其民事纠纷而实施，再犯可能极低；另一方面，虽然"易真武案"涉数额较大，依照敲诈勒索罪的量刑规则可能判处十年以上有期徒刑，但其主观恶性与社会危险性均不高。采取监视居住或取保候审，完全可以达到继续查证、审理的要求，即现行《刑事诉讼法》第六十七条"可能判处有期徒刑以上刑罚，采取取保候审不致发生社会危险性的"。也就是说，如果全面落实检察院的羁押必要性审查工作，易真武或许不至于被羁押三年有余。

《最高人民法院、最高人民检察院、公安部关于严格执行刑事诉讼法切实纠防超期羁押的通知》（法〔2003〕163号）中规定，"人民法院、人民检察院和公安机关在对犯罪嫌疑人、被告人采取强制措施时，凡符合取保候审、监视居住条件的，应当依法采取取保候审、监视居住。对已被羁押的犯罪嫌疑人、被告人，在其法定羁押期限已满时必须立即释放，如侦查、起诉、审判活动尚未完成，需要继续查证、审理的，要依法变更强制措施为取保候审或者监视居住，充分发挥取保候审、监视居住这两项强制措施的作用，做到追究犯罪与保障犯罪嫌疑人、被告人合法权益的统一"。从理论上讲，未决羁押呈现出的是保障诉讼进行的国家权力与应受无罪推定的个人权益的对抗[1]，这种对抗导致我们难以对未决羁押作出明确的、固定的期限规定，但也只能转而要求司法在其中寻求平衡。具体而言，第一，应进一步加强审限制度落实工作，从司法工作的队伍建设、内容配置、科学分流等方面协力改善。《最高人民法院关于清理超期羁押案件有关问题的通知》（法〔2003〕129号）中规定："各级人民法院在刑事审判过程中，要严格执行审限制度，加强对被告人羁押期限执行情况的检查监督。对审判过程中出现的延期审理、中止审理、精神病鉴定等法定不计入审限的情况，或者依法变更强制措施的，应当及时通知被告人、辩护人及看守所等有关部门，切实维护被告人合法权

---

[1] 黄波:《比例原则适用于未决羁押的路径研究——以羁押时间为样本》，载《江苏社会科学》2018年第3期。

益。"第二，应重点强调检察系统的羁押必要性审查工作。《人民检察院刑事诉讼规则》（高检发释字〔2019〕4号）明确规定，负责捕诉的部门在侦查、审查起诉和审判阶段均有权对羁押必要性进行审查。羁押是一种持续性的状态，意味着羁押必要性审查的运行需要多次启动。① 将审查权力转换为一个限度较低、可供灵活操作的审查义务，明确"主动性审查"的理念，或许是避免羁押必要性审查置空的一种可供思考的方案。第三，应着力完善未决羁押的犯罪嫌疑人、被告人依法被撤销案件、不起诉或宣告无罪后的国家赔偿工作，为未决羁押的侵害风险提供兜底性的化解方案。

四、结语

习近平总书记在党的二十大报告中强调，要"加快建设公正高效权威的社会主义司法制度，努力让人民群众在每一个司法案件中感受到公平正义"。一个在社会舆论上引起广泛反响的法律案件，其对于社会的公正理念与法治观念的引导作用或许远超于学界对于某一焦点的理论辩驳——在刑事案件领域中尤其如此。易真武是幸运的，因为他所牵出的"最富法官案"引发的社会舆论或许确实在一定程度上让办案法官对其行为构罪与否产生额外的重视与审慎，最终得出了令人宽慰的结果，而不致像司法实践中其他许多虽属行使权利却被判有罪的问题案件一般；但易真武又是不幸的，漫长的等待与波折的审理大概早已消耗了他太多面对生活乃至重建生活的气力。身为旁观者太容易将案情抽象为一串文字，将公平提炼作一段论理，以至于揉碎纾解了个案的重量，又忽视乃至遗忘了实践的呼声。从本文所涉及的权利行使行为出发，理论努力的方向应当是能够统一地指导实践，让构罪与否的判断得以体系化、明确化，

---

① 王佩芬：《羁押必要性审查制度的实践困境与立法完善》，载《青少年犯罪问题》2023年第4期。

而非让裁判者迷失在诸多咬文嚼字的论辩里，让当事者错落在悬而未决的控制下。

法律制度与法治环境应为公民自身合法的维权行动提供充足的、安全的空间。增强公民法律观念，引导公民通过法律途径正确、有效化解社会矛盾，也是侧面保证公民合法权益有效实现的应有之义。

（韩金泥）

爱恨迷雾渐消散，正义归途终明朗

——最高人民检察院抗诉纠正辛龙故意杀人申诉案

引　言

"一起 8 年前发生在辽宁大连的故意杀人案，最高人民检察院通过向最高人民法院抗诉纠正错判，将无罪纠正为有罪，将逍遥法外数年的犯罪嫌疑人绳之以法。"2023 年 2 月 14 日，最高人民检察院通报了一起经最高人民检察院抗诉纠正的故意杀人申诉案的相关情况。

最高人民检察院通报的案情具体如下：被告人辛龙与被害人张某艳（女，殁年 33 岁）曾系男女朋友关系，张某艳因辛龙对其隐瞒离婚后仍与前妻共同生活的事实等感情问题与辛龙产生矛盾。2015 年 3 月 5 日，在张某艳住处，辛龙与张某艳又因感情问题发生争执，其间，辛龙掩住张某艳的口鼻，致张某艳机械性窒息死亡。其后，为掩盖罪行，辛龙将张某艳的尸体抛至楼下。辛龙案于 2015 年至 2018 年间历经侦查、审查起诉、一审、二审、发回重审等程序后，最终在 2018 年 1 月 24 日由辽宁省大连市中级人民法院判处辛龙无罪。在辽宁省大连市中级人民法院宣判后，2018 年 2 月 13 日，辽宁省大连市人民检察院向辽宁省高级人民法院提出抗诉，但抗诉不当撤回抗诉；2018 年 11 月 22 日，申诉人张某（被害人张某艳父亲）向辽宁省人民检察院提出申诉，也因不符合抗诉条件，决定不予抗诉。2020 年 1 月，申诉人张某向最高人民检察院申诉。最高人民检察院受理此案后，决定对该案立案复查，承办人自行补充侦查，开展系列调查取证工作。2022 年 2 月 11 日，最高人民检察院向最高人民法院提出抗诉，同年 6 月 2 日，最高人民法院指令辽宁省大连市中级人民法院对该案进行再审。辽宁省大连市中级人民法院于同年 12 月 27 日作出一审判决，认定辛龙犯故意杀人罪，判处死刑，缓期二年执行，剥夺政治权利终身。在 2023 年 3 月 7 日最高人民检察院工作报告中，最高人民检察院时任检察长张军明确指出，辛龙杀害女友后制造坠亡假象被判无罪，最高人民检察院受理申诉，全面复勘现场、重新鉴定、完善证据，依法提出抗诉，法院以故意杀人罪改判其死缓。[1]"辛龙案"是一起检察机关坚决纠正和防止冤错案件的典型案例。此外，央视网等多家媒体也在报道中指出，辛龙案的办理充分体现检察机关认真对待群众信访、以人民为中心的办案作风，彰显"法网恢恢，疏而不漏""正义会迟到但不会缺席"的朴素正义理念。

对于冤错案件，一经发现存在重大疑问，及时复查、纠错是公正司法的应有之义。这几年，尤其是党的十八大以来，司法机关努力让人民群众在每一个司法案件中感受到公平正义的要求，加大了对冤假错案的复查和纠错力度，也纠正了一些案件。"要强化有错必纠理念。既要尽最大努力有效避免冤假错案，又要勇于纠正已经发现的冤假错案。对当事人的申诉，一定要认真细致、尽职尽责进行审查；对确有冤情的申诉，要及时依法进行审理。"[2]

辛龙案是最高人民检察院抗诉的申诉案件中首例"无罪抗有罪"案件，标志着我国检察监督在防范冤错案件领域的重大突破。再审改判辛龙犯故意杀人罪并判处死刑缓期执行，不仅是对被害人及其家属的迟来

① 张军：在第十四届全国人民代表大会第一次会议上所作的《最高人民检察院工作报告》，2023 年 3 月 7 日，最高人民检察院网：https://www.spp.gov.cn/spp/gzbg/202303/t20230317_608767.shtml，2025 年 4 月 3 日访问。

②《依法改判无罪汲取深刻教训——最高人民法院负责人就聂树斌再审案答记者问》，2016 年 12 月 2 日，新华社：https://www.gov.cn/xinwen/2016-12/02/content_5141991.htm，2025 年 4 月 3 日访问。

正义，更是司法系统对"有错必纠"原则的生动实践。"爱恨迷雾渐消散，正义归途终明朗"，案件的再审改判彰显了司法对公平正义的不懈追求。通过全面复勘现场、重新鉴定关键证据、完善证据链条，检察机关以严谨的法律程序和扎实的证据体系，成功纠正了原审裁判的错误，确保了案件处理经得起法律和历史的检验。这起案件再次印证了"正义可能会迟到，但绝不会缺席"的法治信念。

一、案情回顾：几经波折的过程 [①]

（一）案件审理经过

2015 年 6 月 17 日，公安机关以辛龙涉嫌故意杀人罪移送辽宁省大连市甘井子区人民检察院审查起诉。

2015 年 7 月 6 日，辽宁省大连市甘井子区人民检察院移送辽宁省大连市人民检察院审查起诉。

2016 年 1 月 13 日，辽宁省大连市人民检察院以辛龙涉嫌故意杀人罪向辽宁省大连市中级人民法院提起公诉，其间，附带民事诉讼原告人张某提起附带民事诉讼。

2016 年 8 月 1 日，辽宁省大连市中级人民法院作出（2016）辽 02 刑初 20 号刑事附带民事判决。以辛龙犯故意杀人罪判处其死刑，缓期二年执行，剥夺政治权利终身；赔偿被害人家属经济损失 31416 元。

宣判后，辛龙提出上诉。

2016 年 12 月 29 日，辽宁省高级人民法院作出（2016）辽刑终 408 号刑事裁定，撤销原判决，发回重新审判。以原审判决认定的事实未排除合理怀疑，定案证据不够确实、充分为由，将此案发回辽宁省大连市

---

① 《辛龙故意杀人罪一审刑事附带民事判决书》（2017）辽 02 刑初 29 号；《辛龙故意杀人罪二审刑事附带民事裁定书》（2018）辽刑终 237 号等。

中级人民法院重审。

2018年1月24日，辽宁省大连市中级人民法院作出（2017）辽02刑初29号刑事附带民事判决，判处辛龙无罪，驳回附带民事诉讼原告人张某的诉讼请求。

2018年2月13日，辽宁省大连市人民检察院以大检公诉诉刑抗（2018）1号刑事抗诉书向辽宁省高级人民法院提出抗诉。

2018年11月13日，辽宁省人民检察院以辽宁省大连市人民检察院抗诉不当为由作出辽检公二撤抗（2018）13号撤回抗诉决定书决定撤回抗诉。同日，辽宁省高级人民法院作出辽刑终（2018）237号裁定准许辽宁省人民检察院撤回抗诉。

2018年11月22日，申诉人张某向辽宁省人民检察院提出申诉，请求撤销辽宁省人民检察院的撤回抗诉决定，对辛龙涉嫌故意杀人罪一案的无罪判决提起抗诉。辽宁省人民检察院经复查认为，不符合抗诉条件，决定不予抗诉。

2020年1月，申诉人张某向最高人民检察院申诉。

2020年11月，最高人民检察院第十检察厅将案件移送第二检察厅审查。第二检察厅受理此案后，承办检察官经认真全面审查分析案卷材料和有关证据后认为，虽然在案证据存在一定欠缺，辛龙拒不认罪，但原判认定辛龙无罪的理由不能成立，辛龙故意杀人的事实可以成立。后最高人民检察院组织召开专家论证会听取意见。专家一致认为，该案原无罪判决确有错误，但由于证据存在一定欠缺，量刑上可留有余地，专家同时提出了补强证据的意见建议。根据承办人审查情况、参考专家意见，第二检察厅决定对该案立案复查，承办人自行补充侦查，开展系列调查取证工作。在调查工作基础上，第二检察厅提出原无罪判决确有错误，应予纠正进行抗诉的意见，后经最高人民检察院检委会审议，认为原判错误应予纠正，决定向最高人民法院提出抗诉。

2022年2月11日，最高人民检察院向最高人民法院提出抗诉。

2022年6月2日，最高人民法院指令辽宁省大连市中级人民法院对本案进行再审。

2022年12月27日，辽宁省大连市中级人民法院经审理作出判决，认定辛龙犯故意杀人罪，判处死刑，缓期二年执行，剥夺政治权利终身。

（二）原审控方观点

辽宁省大连市人民检察院指控，2015年3月5日19时至3月6日凌晨4时许，被告人辛龙在辽宁省大连市甘井子区泉水被害人张某艳家中，因感情问题二人发生激烈争吵，并发生撕扯，后二人在该室的卫生间内，因被害人张某艳大声喊叫，辛龙用手捂及睡服堵嘴的方法，致张某艳机械性窒息死亡。经法医鉴定，死者张某艳系口鼻部受外力作用致机械性窒息死亡。

针对起诉书指控的事实，公诉机关当庭宣读并出示了以下证据：第一，证明本案来源及被告人到案情况等证据；第二，证明被告人与被害人之间系男女朋友关系、双方因感情问题存在矛盾等证据；第三，证明案发当晚辛龙到过被害人家中的证据；第四，案发当晚情况、案发现场及被害人死亡原因的证据；第五，证明案发后辛龙等人打听案情等证据。

公诉机关认为，被告人辛龙因感情问题，故意非法剥夺他人生命，造成一人死亡的严重后果，严重侵犯了公民的人身权利，破坏了社会治安秩序，应当以故意杀人罪追究辛龙的刑事责任。同时公诉机关当庭认为，在案发时段，没有第三人到现场，被告人实施犯罪后，为掩盖罪行伪造被害人跳楼自杀的假象，被告人犯故意杀人罪的事实清楚，证据确实、充分。被告人不具有任何法定或酌定的减轻情节，无任何悔罪表现。

附带民事诉讼原告人张某要求被告人辛龙赔偿经济损失共计人民币938706元，其中丧葬费31416元，死亡赔偿金671820元，被扶养人张某的生活费135470元，亲属误工费、交通费及食宿费100000元。

（三）原审辩方观点

被告人辛龙对起诉书指控的犯罪事实予以否认，且不同意对附带民事原告人的诉讼请求进行赔偿。

辩护人1认为，公诉机关指控事实不清，证据不足，没有达到证据确实充分的标准。首先，主观方面，被告人未作过有罪供述，且被告人没有达到形成犯意的程度。其次，起诉书认定的事实以及据以定罪的依据，多处存在疑点，不能排除合理怀疑，证据与事实矛盾，不能形成完整证据链：第一，被害人的死亡时间无法确定，没有证据能证明被害人死亡时间是在辛龙离开其住处之前；第二，现场遗留的足迹无法证实系被告人遗留，现场勘查中的部分检材没有进行比对，不能排除系他人作案；第三，辛龙手机的定位信息证明辛龙1时28分就离开被害人家，被告人不具备作案时间；第四，本案现场勘查不严谨不客观。最后，侦查程序存在重大瑕疵，没有让被告人对现场进行指认，对血样的提取没有记载提取时间，尸检时间距离死亡时间过长，不符合国家行业标准，被害人家的房门钥匙具体数量没有得到最终求证，且部分钥匙提取不合法。综上，应对被告人作出无罪判决。

辩护人2认为，公诉机关指控被告人故意杀人缺乏直接证据，间接证据不能相互印证，应认定被告人无罪。第一，被告人辛龙没有故意杀人的动机；第二，辛龙无作案时间；第三，法医学尸体检验鉴定书、现场勘验笔录等证据不严谨、不客观，证据之间存在矛盾，不能作为指控辛龙犯罪的证据。

（四）原审无罪理由

经审理查明，2015年3月5日19时许，辛龙到达位于辽宁省大连市甘井子区泉水的张某艳住处，辛龙与张某艳因感情问题发生争执，其间，辛龙有掩住张某艳口鼻的行为。2015年3月6日6时许，张某艳尸体在大连市甘井子区泉水被发现，经鉴定张某艳系口鼻部受外力作用致机械性窒息死亡。

上述事实，有公诉机关当庭举证并经质证的案发现场、尸体发现现场等基本情况的现场勘验检查笔录、现场照片、被害人法医学尸体检验鉴定书、尸检照片、被告人供述及证人证言等证据证实，本院予以确认。

本院认为，公诉机关举示的证据，不足以证明被告人辛龙杀害被害人张某艳的事实，综合评判如下：

1. 被害人死亡时间无法确定。被害人尸体被发现是在早上6时20分至40分左右，经鉴定，系口鼻部受外力作用致机械性窒息死亡，死后高空坠落，坠落准确时间无法确定。被害人末次进食时间是死亡前4至6小时，但末次进食时间无法确定，据此无法确定准确死亡时间。

2. 无客观证据证明被告人离开案发现场时间。在案证据可以证实被告人辛龙在案发当晚到过被害人住处，且因感情问题与被害人发生过争执，无法证实被告人离开案发现场准确时间。

3. 作案手法及工具并未查实。被害人系口鼻部受外力作用致机械性窒息死亡，但具体受到何外力作用导致窒息死亡无客观证据证明，事实不清。

4. 无法排除第三人作案的合理怀疑。被告人辛龙凌晨4时许离开被害人所住小区范围，到被害人尸体被发现的6时20分至40分，其间约2小时的时间段是空白的；被害人住处遗留多枚嫌疑足迹，未作比对；被害人手机去向不明，可能存在财物损失；结合案发时现场房门钥匙配套数量无法查证的情况，无法排除在被告人离开后是否有第三人进入现场的合理怀疑。

5. 关于公诉机关举证的证人张某3、张某4、倪某等人证言，证明案发后被告人辛龙等人打听案情等事实，因无可相互印证的客观证据，不能证明辛龙实施杀人行为，依法不予采纳。

本案证据未达到确实、充分的程度，证据之间存在疑点未得到合理排除，指控的事实不清，全案证据未形成完整的证明体系，根据证据认定的案件事实不足以排除合理怀疑，得出具有唯一性、排他性的结论，被告人辛龙不构成故意杀人罪。公诉机关指控的犯罪事实不清，证据不足，罪名不能成立，不予支持。辩护人关于指控被告人辛龙犯罪证据不足的辩护意见成立，本院予以采纳。关于辩护人提出的侦查机关在现场指认、血样提取、尸检时间等环节的侦查程序有重大瑕疵的意见，均无法律依据，本院不予采纳。

鉴于被告人辛龙定罪证据不足，附带民事诉讼原告人张某提出的赔偿请求，缺少事实依据，本院不予支持。

（五）最高人民检察院抗诉事由

2020 年 11 月，最高人民检察院第十检察厅将案件移送第二检察厅审查。

根据承办人审查情况，参考专家意见，第二检察厅决定对该案立案复查，承办人自行补充侦查，开展系列调查取证工作。

1. 赴案发地大连市与辽宁省和大连市两级检察机关共同研究本案事实证据和法律认定问题，并赴该案原侦查机关与本案原侦查人员进行座谈，深入了解有关情况。

2. 复勘案发现场，重新取证。虽然该案案发于 2015 年 3 月，但案发现场、被害人张某艳生前住宅至今仍处于封存状态，承办人与该案原侦查人员一同进入案发现场进行复勘，提取现场遗留拖鞋等有关物证并委托鉴定，实地勘查了被害人的坠楼地点，模拟重走了辛龙供述的来去被害人家的路线。

3. 对辛龙开展调查。承办人依法对辛龙进行询问调查，重点询问了其与被害人认识交往过程、案发当晚在被害人家的具体情况等，与以往侦查阶段讯问笔录相比，在关键问题上取得重大突破，进一步补强了定案的证据。

4. 围绕焦点问题"案发现场嫌疑足迹是谁留下的"开展大量工作。因案发后无法找到留下现场足迹的鞋，原审期间未进行鉴定比对，无法确定嫌疑足迹是谁留下的，这也是法院认为不能排除第三人作案、判决无罪的重要理由之一。为此，承办人专门走访了最高人民检察院信息技术中心听取意见，并将本案足迹有关材料送中国刑警学院足迹专家征求意见。同时，要求原侦查机关让辛龙穿上与嫌疑足迹类似的拖鞋，提取辛龙足迹，委托公安部物证鉴定中心组成专家组对嫌疑足迹进行会检，会检意见"倾向认定现场鞋印与样本鞋印（所采辛龙足迹）为同一人所留"。

在上述调查工作基础上，第二检察厅提出原无罪判决确有错误，应予纠正进行抗诉的意见，后经最高人民检察院检委会审议，认为原判错误应予纠正，决定向最高人民法院提出抗诉。

（六）最高人民法院启动再审

最高人民检察院于 2022 年 2 月 11 日向最高人民法院提出抗诉，同年 6 月 2 日，最高人民法院指令辽宁省大连市中级人民法院对本案进行再审。

辽宁省大连市中级人民法院经审理于同年 12 月 27 日作出判决，认定辛龙犯故意杀人罪，判处死刑，缓期二年执行，剥夺政治权利终身。

二、法理研判

（一）审判监督程序：生效裁判的纠错机制

生效裁判能否进行再次审判？这涉及刑事诉讼法中一个重要的程序——审判监督程序。在司法体系的宏伟架构中，审判监督程序犹如一道坚固的防线，守护着公平正义的最后关口。它允许对已生效的判决、裁定进行重新审视，为纠正可能存在的错误提供了可能性。这一程序的存在，犹如黑暗中的灯塔，为那些身陷冤屈的人们指引着希望的方向。

生效裁判的法律效力是刑事诉讼程序的基石。一旦法院的判决生效，它便被赋予了确定力和既判力，这不仅是为了防止司法机关滥用刑事追诉权，更是为了维护法律程序的稳定性和权威性。生效判决的终局性为当事人提供了可预期的法律秩序，确保了社会关系的稳定。然而，这并不意味着错误无法被纠正。刑事诉讼法在强调程序安定的同时，也为实体公正留了一扇窗。

刑事再审程序，作为一种特殊的救济手段，正是这扇窗的开启钥匙。它允许在特定条件下，对已生效的裁判进行重新审视。根据《刑事诉讼法》第二百五十三条，再审程序的启动需满足严格的法定条件，如新证据的出现、程序违法，或审判人员的枉法裁判等。这些条件不仅是对司法资源的合理保护，也是对司法权威的必要维护。它们确保了再审程序不会沦为随意纠错的工具，而是成为维护司法公正的有力武器。

近年来，中国司法通过再审程序纠正了多起冤案，如"张氏叔侄案""呼格吉勒图案""聂树斌案"等。这些案件的纠正，不仅让当事人得到了公正的审判，也提升了公众对司法机关的信任。它们如同一面面镜子，映照出司法体系在追求公平正义道路上的坚定步伐。然而，再审程序的启动必须保持谨慎，以避免司法资源的浪费和司法权威的削弱。

在司法实践中，如何平衡实体公正与程序安定是一个永恒的课题。立法应严格规范再审的启动条件，确保每一个再审案件都具有充分的法律依据。同时，司法机关在实践中也应避免轻易突破生效判决的既判力，以免动摇公众对司法稳定性的信任。

辛龙案的曲折历程是刑事审判监督程序复杂性与必要性的生动体现。[①]2016年8月1日，一审法院判处辛龙死刑，缓期二年执行。2018年1月24日，案件发回重审后，辛龙被改判无罪。被害人家属不服，持续申诉，直至2020年，案件申诉至最高人民检察院。最高人民检察院通过抗诉启动再审，最终在2022年12月27日，辛龙被改判死刑，缓期二年执行，剥夺政治权利终身。这一过程充分彰显了司法机关对"实事求是"原则的坚守，以及对维护司法公正的不懈追求。

辛龙案表明，再审程序并非对程序安定的破坏，而是对其更高层次的维护。2023年5月8日，被害人家属向最高人民检察院12309检察服

---

① 刘言：《由无罪改判死缓！最高人民检察院抗诉纠正一起故意杀人申诉案》，载《中国青年报》2023年2月15日，第1版。

务中心送来锦旗，衷心感谢全体办案人员。① 这一举动表明，再审程序的启动不仅为被害人及其家属带来了迟来的正义，也向全社会传递了一个明确的信号：司法体系有能力自我纠错，有决心维护公平正义。

刑事再审制度的本质是法治体系的"安全阀"。生效判决的终局性保障了法律秩序的稳定，而再审程序的纠错功能则为正义提供了最后的守护。这种平衡的实现，需要立法的精细设计、司法的审慎操作以及社会对法治价值的理性认知。唯有如此，刑事诉讼才能在程序正义与实体正义的张力中，不断趋近于更高层次的法律正义。

展望未来，司法改革的深入推进将为审判监督程序的完善提供新的契机。通过优化再审程序，可以更好地平衡依法纠错与维护生效判决既判力之间的关系，确保司法的权威性和稳定性。这不仅是对个案正义的追求，更是对整个法治社会的庄严承诺。

（二）证据裁判原则：证据链的补强重构

为何最高人民检察院要补充新证？这有赖于证据裁判原则。该原则要求诉讼中认定案件事实必须以证据为依据。② 尽管我国刑事诉讼法未明确使用"证据裁判原则"这一术语，但其内涵已通过司法解释和实践得以确立。③ 证据裁判原则的内涵可概括为以下四个方面：

其一，案件事实认定必须以证据为基础。没有证据或证据不充分，不能认定被告人有罪。法律追求的正义以还原事实真相为宗旨，但真相无法完全重现，因此法律真实成为司法实践的基准。所谓法律真实，即案件事实的认定必须以证据为基础，排除一切合理怀疑。以往刑事冤错案件的教训表明，证据不足或程序违法是导致错案的主要原因。酿成不

---

① 郭竹梅：《第三季"新时代检察故事汇——检察官讲述办案故事"十佳办案故事｜八年谜案重见天日——最高人民检察院抗诉的辛龙故意杀人案》，最高人民检察院网：https://www.spp.gov.cn/spp/sp/202402/t20240220_643727.shtml，2025 年 4 月 3 日访问。

② ［日］田口守一：《刑事诉讼法》，刘迪等译，法律出版社 2000 年版，第 217 页。

③ 陈光中、郑曦：《论刑事诉讼中的证据裁判原则——兼谈〈刑事诉讼法〉修改中的若干问题》，载《法学》2011 年第 9 期，第 3—12 页。

可挽回的悲剧。证据裁判原则的核心意义在于平衡国家追诉犯罪的职能与保障犯罪嫌疑人、被告人权利之间的关系，防止司法机关滥用权力。

其二，证据必须具备证据能力。证据能力是指证据进入法庭的资格，要求证据符合客观性、关联性与合法性。证据能力又称证据的可容许性或证据的法律资格，一般是指那些允许证据出现在法庭上的资格和条件。证据能力是贯彻证据裁判原则需要解决的首要问题。证据能力欠缺的证据不能用于案件事实的认定。我国证据法学界一般用客观性、关联性与合法性描述证据的特征，同时也用以指涉案证据作为定案依据应具备的条件。证据裁判原则的运用必须以存在适格的证据为条件，缺乏证据能力的证据与没有证据一样，都不能认定被告人有罪并作出裁判。[①] 证据的客观性是指证据的原始性，是来源于案件本身，要求客观真实；证据的关联性往往关乎证据的证明力大小，要与认定的案件事实有关；证据的合法性要求侦查机关通过法律程序和合法手段收集证据，违反法定程序收集的证据不能认定为具有合法性。证据的三种属性缺一不可。

其三，证据的审查判断必须依托诉讼程序进行。没有程序的公正，实体公正无从谈起。刑事诉讼法规定了取证、举证、质证、认证的法定程序，确保证据的审查具有公开性、透明性与合法性。在辛龙案中，最高人民检察院在再审过程中严格遵循证据审查程序，确保每一份证据都经得起法律检验。这不仅维护了程序正义，也为实体正义提供了坚实保障。

其四，刑事诉讼要求证据达到"排除一切合理怀疑"的证明标准。这意味着裁判者必须综合全案证据，确信案件事实清楚、证据确实充分。若证据存在重大疑点或无法形成完整证据链，则不能认定被告人有罪。在审判实践中，关于定罪事实认定上的合理怀疑应该是盖然性比较大、可能性程度比较高，能够从整体上推翻对方证据结论的具有可接受性的质疑。如果证明犯罪构成要件事实的证据缺失，或者证明主要案件事实

---

①廖勇、吴卫军：《新刑事诉讼法证据规则评析——基于证据裁判原则的视角》，载《北方法学》2013 年第 7 卷第 5 期，第 124—129 页。

的直接证据未查证属实，间接证据难以形成锁链的，通常会引起法院对指控定罪事实的合理怀疑。

辛龙案是一起典型的"零口供"杀人案，原审判决因证据不足改判辛龙无罪。最高人民检察院通过补充新证据，成功构建完整的证据链，推动再审改判。① 具体而言：

在辛龙案错综复杂的诉讼历程中，最高人民检察院二级高级检察官郭竹梅以抽丝剥茧般的细致审查，逐步揭开了案件的真相。郭检察官在接手案件后，首先对在案证据进行了全面而深入的审查。她发现，辛龙与被害人张某艳之间存在严重的情感纠葛，矛盾激化到了极点，这为案件的发生提供了强烈的动机支撑。通过对案发现场的缜密分析，郭检察官指出，现场的种种迹象均符合熟人作案的特征，而辛龙在案发时间段内具备作案时间和条件，这使得他的嫌疑进一步加深。

尽管辛龙拒不承认杀害张某艳，但他稳定供认了案发当晚曾捂压被害人口鼻的关键事实。这一供述与尸检报告中张某艳因受外力作用导致机械性窒息死亡的结论高度吻合，形成了关键的证据关联。此外，现场提取的生物检材仅检测到辛龙和张某艳的DNA，彻底排除了第三人作案的可能性。楼下邻居的证言进一步证实了案发当晚，一男一女在楼上厮打、争吵直至凌晨3点左右才逐渐安静，而辛龙的手机定位显示，案发时他并未离开现场。这些证据如同散落的珠子，被郭检察官一一拾起，串联成一条指向辛龙作案的证据链。

然而，要将这条证据链锻造得坚不可摧，还需进一步补强。郭检察官深知，促成改判的关键在于彻底排除原无罪判决中提出的那些"疑点"。在辛龙这起"零口供"杀人案中，由于缺乏直接证据，必须依赖间接证据构建完整的证据链。这不仅需要对6年前已充分侦查的旧案进行证据补充，还面临新证据获取的重重困难。郭检察官迎难而上，积极开

---

① 郭竹梅：《第三季"新时代检察故事汇——检察官讲述办案故事"十佳办案故事丨八年谜案重见天日——最高人民检察院抗诉的辛龙故意杀人案》，最高人民检察院网：https://www.spp.gov.cn/spp/sp/202402/t20240220_643727.shtml，2025年4月3日访问。

展补强证据工作。

在对辛龙的调查中，郭检察官与以往侦查阶段的讯问笔录进行了细致对比，终于在关键问题上取得了重大突破。辛龙首次供认了被害人的进食时间，这一关键信息为确定被害人的死亡时间提供了重要依据。同时，他承认案发现场遗留的嫌疑足迹系其所留，而原审无罪判决的主要理由之一正是嫌疑足迹不明。为解决这一关键问题，最高人民检察院委托公安部对嫌疑足迹重新进行鉴定，专家们一致认为现场嫌疑鞋印为辛龙所留。

郭竹梅检察官还亲自前往案发地，与辽宁省和大连市两级检察机关及原侦查人员进行座谈，深入了解案件当年的侦办情况。她复勘案发现场，重新取证，委托鉴定。尽管案件发生在 2015 年 3 月，但案发现场一直处于封存状态，这为证据的重新审查和补充提供了有利条件。通过对案发现场的再次勘查，郭检察官发现了更多被忽视的细节，这些细节如同拼图的缺失部分，使整个案件的证据链更加完整。

经过细致的补强证据工作，郭竹梅检察官指出，现有证据足以认定张某艳的死亡时间为 6 日凌晨 3 点到 4 点，当时辛龙尚未离开案发现场，且现场嫌疑足迹确系辛龙留下，能够排除第三人作案的合理怀疑。据此，可以认定辛龙在案发当晚通过捂压被害人口鼻致其死亡，并伪造自杀假象抛尸楼下。

基于以上事实，郭竹梅检察官提出了原判错误、应通过抗诉予以纠正的意见。这起案件的再审过程，不仅体现了司法机关对证据裁判原则的坚守，更彰显了其在面对复杂案件时追求真相、维护司法公正的决心。辛龙案历经三轮审判，最终迎来公正裁决，这一过程充分彰显了在具体案件中贯彻证据裁判原则的不易。在舆论高度关注和高层密切关注下，最高人民检察院积极开展补强证据工作，成功排除原无罪判决中的"疑点"，为正义的实现扫清了障碍。

（三）检察监督原则：以抗诉匡扶正义

最高人民检察院对辛龙案的抗诉，是检察监督原则的生动实践。其合法性源于《宪法》第一百三十四条："中华人民共和国人民检察院是国家的法律监督机关。"检察监督贯穿刑事诉讼全程，旨在确保专门机关及诉讼参与人的活动合法，对违法行为依法纠正。检察监督职能主要涵盖行政监督与诉讼监督。行政监督针对行政机关及其工作人员，旨在规范行政行为；诉讼监督则聚焦侦查、审判与执行环节，确保诉讼活动合法。在刑事诉讼监督中，检察机关对法院审判活动的监督尤为关键，包括对判决、裁定的审查及对审判程序合法性的监督。《刑事诉讼法》第二百零九条赋予检察机关对审判程序违法提出纠正意见的权力。[①]

在辛龙案中，最高人民检察院依据审判监督程序向最高人民法院提出抗诉，成功纠正错案。这一过程凸显了检察监督在维护司法公正中的重要作用。最高人民检察院发现原审判决在证据审查和事实认定上存在重大漏洞，通过补强证据，构建完整证据链，最终促使法院改判。

检察监督是刑事诉讼中不可或缺的一环，它犹如一道明亮的灯塔，照亮了司法公正的前行之路。检察机关作为法律监督机关，其职责贯穿于刑事诉讼的每一个环节，从侦查到审判，再到执行，确保每一个环节都依法进行，守护着法律的尊严和公正的底线。

在侦查阶段，检察机关对侦查机关的侦查活动进行监督，确保侦查行为合法合规。这包括对证据的收集、犯罪嫌疑人的讯问以及侦查程序的合法性进行审查。通过这种监督，检察机关能够及时发现并纠正侦查过程中的违法行为，保障犯罪嫌疑人的合法权益，同时也确保了证据的合法性和有效性。

进入审判阶段，检察机关的监督职能更加凸显。根据《刑事诉讼法》第二百零九条，检察机关有权对审判程序的合法性进行监督，并对

---

① 陈瑞华：《论检察机关的法律职能》，载《政法论坛》2018 年第 36 卷第 1 期，第 3—17 页。

违法的审判程序提出纠正意见。这种监督不仅保障了审判过程的公正透明，也为当事人提供了额外的法律救济途径。在辛龙案中，最高人民检察院通过细致审查原审判决，发现证据审查和事实认定上的重大漏洞，这为后续的抗诉工作奠定了坚实的基础。

辛龙案是一起典型的故意杀人案，其复杂的诉讼历程充分展现了检察监督在纠正错案中的关键作用。2015年，被害人张某艳被发现死于自家楼下，被告人辛龙作为其男友，具有重大作案嫌疑。然而，案件在诉讼过程中却出现了戏剧性的转折，一审法院判处辛龙死刑缓期执行，二审法院却因证据不足将其改判无罪。这一结果引起了被害人家属的强烈不满，他们持续申诉，直至案件申诉至最高人民检察院。

最高人民检察院受理此案后，承办检察官郭竹梅对案件进行了全面细致的审查。她发现原审判决在证据审查和事实认定上存在诸多问题，如被害人死亡时间无法确定、嫌疑足迹未作比对等。这些问题导致原审判决无法排除第三人作案的合理怀疑，证据链存在明显断裂。郭竹梅检察官通过复勘案发现场、重新取证、委托鉴定等一系列工作，成功补强了证据。例如，通过对案发现场嫌疑足迹的重新鉴定，专家一致认定足迹为辛龙所留。此外，郭竹梅还通过精心设计的调查询问，获取了辛龙对关键事实的供认，如被害人的进食时间以及现场足迹的归属。这些努力最终构建起了完整的证据链，为抗诉成功提供了坚实的证据支持。

2022年，最高人民检察院向最高人民法院提出抗诉，最高人民法院指令再审。经过再审，法院最终认定辛龙犯故意杀人罪，判处死刑缓期执行，剥夺政治权利终身。这一判决结果不仅纠正了原审的错误，为被害人及其家属带来了迟来的正义，也彰显了检察监督在维护司法公正中的重要作用。

检察监督在维护司法公正、保障法律统一实施方面具有重大意义。首先，它确保了国家法律的正确适用，防止了违法行为的发生。通过监督侦查、审判等环节，检察机关能够及时发现并纠正违法操作，保障了法律的严肃性和权威性。其次，检察监督保护了公民的合法权益。在辛龙案中，被害人家属的持续申诉最终通过检察监督得到了公正的解决，这体现了检察机关对公民权利的有力保护。此外，检察监督促进了司法公正，通过监督审判活动的合法性，确保了审判过程的公正透明，增强了公众对司法的信任。

在未来，随着刑事司法的不断发展，检察监督将继续发挥其重要作用。人民检察院需切实履行客观义务，遵循"有罪必惩，无罪不诉，疑罪查实"的原则，充分发挥诉讼监督职能。这不仅有助于及时纠正错误裁判，维护司法公正，更彰显了检察机关对法治原则的坚守与践行。正如郭竹梅检察官所言："检察官的基本职责就是查明真相、追诉犯罪、法律监督，为了对得起这个职责，必须不懈努力。"[1] 辛龙案历时三年，郭竹梅和团队克服重重困难，以扎实的证据基础促成了案件的改判，生动诠释了检察监督在维护司法公正中的关键作用。

（四）防范冤错案件：筑牢司法公正防线

在司法体系的庄严殿堂中，每一起案件都是一场对公平正义的考验。英国哲学家培根曾深刻指出："一次不公正的裁判，其恶果甚至超过十次犯罪。因为犯罪虽是无视法律——好比污染了水流，而不公正的审判则毁坏法律——好比污染了水源。"虽然发现和纠正的冤错案件占刑事案件总数的比例很小，但这些冤错案件的社会影响较大，危害较深远。辛龙案作为一起典型的"零口供"杀人案，历经三轮审判，最终通过最高人民检察院的抗诉得以改判，充分彰显了防范冤错案件的重要性和司法纠错机制的有效性。

冤错案件的危害是多方面的。首先，它直接侵犯了公民的人身权和财产权等合法权益。无辜者可能因此身陷囹圄，失去人身自由，甚至导致家破人亡。在辛龙案中，被害人张某艳惨遭杀害，而真凶辛龙一度因

---

① 郭竹梅：《第三季"新时代检察故事汇——检察官讲述办案故事"十佳办案故事丨八年谜案重见天日——最高人民检察院抗诉的辛龙故意杀人案》，最高人民检察院网：https://www.spp.gov.cn/spp/sp/202402/t20240220_643727.shtml，2025 年 4 月 3 日访问。

证据不足被改判无罪，使被害人及其家属的合法权益无法得到及时维护。这种情况下，真正的罪犯逍遥法外，而无辜者及其家属则承受着无尽的痛苦和伤害。

其次，冤错案件严重损害了司法公信力。在现代法治社会，司法是保障社会公平正义的最后一道防线，其权威性建立在公众的信任和认可之上。《刑事诉讼法》规定公检法三机关要互相配合、互相制约，以确保司法公正。然而，司法实务中出现的冤错案件，往往是公检法三机关配合有余、制约不足导致的。辛龙案中，原审判决因证据不足改判辛龙无罪，反映出证据审查和事实认定环节的漏洞。最高人民检察院通过抗诉启动再审，补强证据，最终成功改判，体现了检察监督在维护司法公正中的重要作用。早期司法实践中，基层检察官对侦查监督工作往往以书面审查为主，缺乏对侦查过程的亲历性了解。对重大刑事案件侦查活动的提前介入和全程录音录像等制度尚不完善，导致检察机关面对证据危机时缺乏有效解决途径，最终勉强起诉，引发冤错案件。

防范冤错案件是司法机关的神圣职责，是维护社会公平正义、增强司法公信力、保障社会稳定的关键。司法人员应严格遵循证据裁判原则，强化程序意识，确保每一起案件都经得起法律和历史的检验。辛龙案的成功纠错提醒我们，司法纠错机制的有效运行离不开检察监督的有力保障。唯有如此，才能真正实现"努力让人民群众在每一个司法案件中感受到公平正义"的目标，筑牢法治社会的基石。

三、反思与启示

（一）纠正已然错案

在刑事司法领域，纠正已然发生的冤错案件是维护公平正义的关键环节。为实现这一目标，可以从以下两个方面着手：

1. 构建开放、科学的错案发现机制和纠正机制

我国在纠正冤错案件方面始终坚持实事求是、有错必纠的原则。最高人民检察院检察长应勇在 2025 年《最高人民检察院工作报告》中指出，检察机关通过加强刑事审判监督，对认为确有错误的刑事裁判提出抗诉 6530 件，法院审结 5601 件，其中改判、发回重审占 75.6%。同时，检察机关对刑事审判活动中的违法情形提出纠正意见 9613 件，采纳率高达 98.5%。[①] 这些数据表明我国在纠正错案方面已经取得了显著成效，但仍有进一步完善的空间。

为了进一步提升错案发现能力，可以借助新媒体平台扩大信息的传播范围，推动司法机关对刑事错案的重视与纠正。例如，可以通过社交媒体、在线论坛等平台发布错案相关信息，鼓励公众提供线索。同时，鼓励刑辩律师、法学教授等专业人士参与错案纠正工作，律所可以联合高校组建以被错判者为援助对象的民间组织，吸纳高校学生参与，为被错判者申冤拓宽救济渠道。此外，增强被错判者的法律知识，鼓励他们积极自救。例如，司法行政机关可以编写通俗易懂的法律知识手册，发放给监狱和看守所的在押人员，帮助他们了解申诉程序和法律救济途径。

在科学发现错案方面，应构建定罪后申请重新检测 DNA 的诉讼机制，使被定罪者能够借助科技手段证明清白。同时，完善证据保管规则，确保在凶杀案、性侵案和暴力犯罪案件等特殊案件中妥善保存生物证据。为了保证科学证据的准确性，还需完善相关司法鉴定制度，谨慎审查和采纳法庭科学证据，排除可疑的法医证据。例如，可以建立独立的司法鉴定机构，确保鉴定过程的公正性和科学性。

2. 持续完善刑事冤错案件的纠正机制

我国检察机关在错案纠正中发挥着重要作用。检察机关高质效履行

---

① 应勇：在第十四届全国人民代表大会第三次会议上所作的《最高人民检察院工作报告》，2025 年 3 月 8 日，最高人民检察院网：https://www.spp.gov.cn/spp/gzbg/202503/t20250315_690544.shtml，2025 年 4 月 3 日访问。

法律监督职责，全面加强对立案、侦查、审判、执行等诉讼活动的法律监督，坚决防止和纠正冤错案件，维护司法公正。具体而言，检察机关应当对每一份申诉材料进行认真审查，发现有冤错可能的要及时调查处理，勇于自我纠错。^①例如，检察机关可以通过复查案件证据、重新审视审判程序等方式，确保案件的公正性。

鉴于冤错案件的复杂性，单靠司法机关的力量可能不足以推动错案纠正，亟待借助外力提供助益。可以借鉴国外经验，设立无罪调查审查委员会等独立机构，负责调查和处理定罪后的无罪申诉主张，并将可能涉嫌错误定罪的案件提交法院进行重新审判。例如，英国的刑事案件审查委员会就是一个成功的案例，该机构负责审查已被定罪的案件，若发现新的证据或法律问题，可将案件提交上诉法院重新审理。^②

此外，还可以建立跨部门协作机制，加强公检法之间的沟通与协调。例如，公安机关在侦查过程中发现可能存在的错案线索，应及时通报检察机关；检察机关在审查起诉阶段发现案件存在问题，应及时与公安机关和法院沟通，共同推动案件的公正处理。同时，可以引入第三方监督机制，如邀请专家学者、社会公众等参与错案审查过程，确保审查的公正性和透明度。

（二）防范未然错案

辛龙案的出现再次凸显了防范未然错案的紧迫性。司法正义的实现，不仅需要纠正已然发生的冤错案件，更需要从制度层面预防错案的发生。刑事诉讼作为司法体系的重要组成部分，必须突破传统制度的限制，以更灵活的态度平衡刑事诉讼中的利益冲突。防范刑事错案，应坚持实体正义与程序正义的均衡发展，构建更加完善的刑事诉讼制度。

---

① 应勇：在第十四届全国人民代表大会第三次会议上所作的《最高人民检察院工作报告》，2025年3月8日，最高人民检察院网：https://www.spp.gov.cn/spp/gzbg/202503/t20250315_690544.shtml，2025年4月3日访问。

② 汪海燕：《刑事冤错案件的制度防范与纠正——基于聂树斌案的思考》，载《比较法研究》2017年第3期，第1—19页。

1. 坚持"动态平衡"的刑事诉讼观

在刑事诉讼中，惩罚犯罪与保障人权之间的平衡是实现司法正义的关键。虽然完美的诉讼制度不存在，但关注可能造成失衡的薄弱环节是防范错案的关键。不同诉讼制度各有缺陷，如对抗式制度可能导致无辜者因压力而虚假认罪，而认罪认罚从宽制度虽然吸收了当事人主义的"意思自治"，但也存在一定的致错风险。因此，在适用认罪认罚从宽制度时，必须注重事实审查，确保案件的公正性与效率并重。

此外，司法人员的认知偏差，如确认偏见，可能影响案件的公正处理。① 为此，应通过以下措施克服这些偏差：一是增强辩护律师的全面介入，确保被告人的合法权益得到充分保障；二是赋予法官更大的主动性，使其能够在庭审中主动发现和纠正可能存在的问题；三是强化证据质证环节，确保所有证据都经过充分的审查和验证。

2. 消除人为因素的影响

人为因素是导致刑事错案的重要原因之一，包括律师的无效辩护和司法人员的不当行为。为此，必须采取以下措施：一是严格执行非法证据排除规则，确保所有证据的合法性；二是细化执法程序，减少司法人员的自由裁量权，避免因程序瑕疵导致错案；三是完善司法问责机制，对因故意或重大过失导致错案的司法人员依法追究责任。

同时，应加强对司法人员的职业培训，提升其专业素养和职业道德水平。例如，可以通过定期组织案例分析和模拟庭审，帮助司法人员识别和克服认知偏差，提高案件处理的准确性和公正性。

3. 增强发现实质真相的能力

审判的基本目标是发现真相，而我国职权主义诉讼制度在确定事实真相方面具有一定的优势。然而，过度依赖官方调查可能导致事实认定的片面性。为此，应通过以下措施增强发现真相的能力：一是增强调查中的对抗性，确保控辩双方能够充分表达各自的观点；二是促进证据质

---

① 侣化强：《公平、正义的证成及实现路径》，载《北京科技大学学报（社会科学版）》2009 年第25 卷第1 期，第68—75 页。

证的充分性，确保所有证据都经过严格的审查；三是在证据不足时，坚持"疑罪从无"原则，避免因证据不足而导致错判。此外，可以借鉴国外的成功经验，例如引入独立的证据审查机构，对关键证据进行二次审查，确保证据的可靠性和公正性。

4. 稳步提升程序正当性及其独立价值

正当程序不仅是实现司法正义的工具，更是司法正义的重要组成部分。我国正在推进的司法改革，如"以审判为中心"的诉讼制度改革和认罪认罚从宽制度的完善，旨在提升程序正当性，解决刑事司法中"侦查中心主义"和庭审虚化等问题。

在改革过程中，需批判性地吸收对抗制诉讼模式中的合理因素，如强调程序的独立价值，避免单纯将其视为工具。同时，必须警惕"程序正义偏好型"诉讼模式可能带来的内在局限性与潜在司法不公风险。程序正义与实体正义并非对立，而是相辅相成的。唯有在司法实践中实现两者的平衡，才能构建公正、高效的现代司法体系。[①]

5. 程序正义的独立价值

正当程序的独立价值在于，当人们认知的天然局限性使得审判结果难以完全验证客观真实时，程序的正当性能够为结果的妥当性提供间接支持，成为"看得见的正义"。

在以往刑事诉讼观念中，程序往往被视为服务于实体法的附属工具，其独立表达正义性的内在价值未能获得足够重视。然而，正当程序的独立价值具有不可替代的作用。尤其是在刑事案件中，程序的正当性能够增强公众对司法结果的信任，为司法正义提供坚实的基础。

（三）完善审判监督程序

刑事再审程序是司法体系中不可或缺的纠错机制，它允许对已生效的判决、裁定进行重新审视，以纠正可能存在的错误。正如英谚所言：

---

① 陈卫东：《再审程序的完善与冤错案件的纠正》，载《法律适用（司法案例）》2017年第2期，第6页。

"一次不公正的裁判，其恶果甚至超过十次犯罪。"这句话深刻揭示了司法公正的重要性，强调了刑事诉讼程序中正当追诉与事后纠错的双重必要性。[1]刑事再审程序作为事后纠错的制度设计，对于挽回受损的司法公信力和司法权威具有重要意义。因此，科学定位刑事再审程序在刑事诉讼中的地位，解决当前存在的问题，实现依法纠错与维护生效判决、裁定既判力之间的平衡，显得尤为重要。

完善刑事申诉制度是优化再审程序的关键。申诉制度作为公民民主权利的重要组成部分，在维护司法公正、保障公民合法权益方面发挥着不可替代的作用。[2]然而，实践中申诉程序的运行却面临诸多困境，辛龙案的申诉过程便是典型案例。2018年，申诉人张某（被害人张某艳的父亲）向辽宁省人民检察院提出申诉，但遗憾未能启动抗诉程序。直至2020年，在申诉人持续努力下，张某向最高人民检察院提出申诉，案件才引起重视。辛龙案的申诉过程表明，即便原审存在明显错误，再审纠错也并非易事。及时纠正冤错案件是司法公正的基本要求。一旦发现冤错案件，应立即启动再审程序予以纠错。否则，久拖不决会耗费更多司法资源。辛龙案最终通过再审改判，结果令人欣慰，但其长达4年的纠错过程却值得深刻反思。尽管刑事诉讼法规定了申诉制度，但实践中有关司法机关未能给予申诉人及时、有效的回应与救济。

为了充分发挥再审程序的特别救济功能，必须进一步完善申诉制度，构建有效的申诉程序，确保再审程序能够及时启动。首先，为防止滥诉，建议引入律师代理申诉制度。凡有两名律师签署申诉书或代理提出申诉的，法院应当受理并审查。[3]其次，对依法应当受理的初次刑事申诉，实行立案登记制。具体规则包括：凡向法院提起的刑事申诉，法院均应接受申诉材料，并当场进行材料符合性初审；对缺少必要材料的申诉，应

---

① 陈光中主编：《刑事诉讼法》，北京：北京大学出版社，2021年，第416页。

② 刘大海：《刑事申诉立案审查处理机制的实践思考》，载《人民司法》2023年第19期，第84—89页。

③ 刘计划：《刑事冤错案件的程序法分析——以聂树斌案为例》，载《比较法研究》2017年第3期，第20—36页。

一次性书面告知申诉人补正，补正期限为 7 日；申诉人通过线上平台提交材料的，法院应通过线上平台办理申诉材料的接转、补正告知及受理或退回；退回申诉材料时，应告知申诉人在材料齐备后可重新提起申诉。① 此外，检察院和法院在落实"疑罪从无"时，应统一证据和事实的判断标准。对于"疑罪存疑"的案件，应逆向溯源，结合审判时的法律、司法解释及类案裁判情况，审查是否达到"疑罪从无"的普遍适用标准。申诉审查应根据事实、证据存疑程度及社会危害性、刑事违法性等标准，确定最低纠正错案标准。

优化再审启动程序也是重构再审程序的关键。现行制度赋予公权力主体过大的启动特权，导致控辩地位严重失衡。对此，需取消检察机关直接启动再审的特权，将其抗诉权定位为"公诉请求权"，与当事人申诉置于同等地位。② 法国《刑事诉讼法》第六百二十二条规定，检察机关仅能针对法律错误提出抗诉，且不得加重原判刑罚，这一制度设计有效平衡了纠错需求与被告人利益，值得借鉴。对于法院的启动权，则应严格限定其范围：允许法院主动启动有利于被告人的再审（如发现新证据证明无罪），但禁止其启动不利于被告人的再审，以符合控审分离原则。实践中，部分法院因错案追责，对已生效判决的明显错误消极应对，根源在于司法责任制的缺陷。因此，需同步完善司法问责机制，明确法官依法纠错的免责条款，消除其启动再审的后顾之忧。此外，现行再审启动标准"确有错误"表述模糊，导致申诉滥用与司法机关选择性启动并存。德国《刑事诉讼法》第三百五十九条将再审理由细化为"新证据推翻原判""原审证据伪造""审判人员职务犯罪"等具体情形，并区分有利于和不利于被告人的类型，此类明确标准值得引入。

启动时效的差异化设定是另一改革重点。现行制度对公权力启动再

---

① 张光琼、刘大海、蔡红曼：《滥用诉权行为的司法识别与规制——以行政案件规范化登记立案为视角》，载《人民司法（应用）》2017 年第 1 期，第 97—101 页。

② 施鹏鹏：《论检察机关"仅为被告人利益之抗诉"及其效力——兼与刘计划教授商榷》，载《中国刑事法杂志》2023 年第 3 期，第 106—123 页。

审未设时效限制，导致被告人可能面临终身追诉风险。德国《刑事诉讼法》第三百五十九条允许在任何阶段为被告人利益重启程序，而我国可借鉴此经验，对有利于被告人的再审不设时效限制，确保纠错机会；对不利于被告人的再审，则参照追诉时效设定启动期限。例如，法定最高刑为死刑的案件，启动期限不得超过 20 年，超期须经最高人民检察院核准。这一设计既防止追诉权滥用，又为重大犯罪保留纠错可能。

（四）完善证据保管制度

要重新调查已经过去一段时间的案件，基本只能通过对当时保存证据的重新审视、鉴定，但由于我国证据保管方面的制度还不完善，证据保管不当的现象大量存在，证据毁损、污染甚至灭失时有发生，这种后果是不可逆的，一旦发生，证据的证明力就会遭到质疑。在刑事诉讼中，证据作为核心要素，其真实性和同一性直接关系到案件事实的认定和司法公正的实现。因此，构建科学、规范、高效的证据保管体系，是防范冤假错案、提升司法公信力的重要举措。

构建证据保管链制度是完善证据保管制度的关键。[①]证据保管链制度要求从证据收集到出示的每个环节，均需建立详细的书面记录体系，确保证据的流转过程可被完整、详细地展现和证明。具体而言，证据收集时应制作详细的证据标签，记录案件名称、证据名称、发现人员、获取人员、发现时间和地点、证据特征等信息，确保证据的可识别性。证据保管过程中，应建立证据保管日志，详细记录证据的存放地点、保管条件、接触人员、变化情况等信息，确保证据流转的透明性和可追溯性。[②]此外，当证据的真实性或同一性受到质疑时，相关保管人员应出庭作证，接受控辩双方的交叉询问，证明证据的保管过程和状态。这一制

[①] 柴鹏：《证据保管条制度的诉讼功能分析》，载《铁道警察学院学报》2016 年第 26 卷第 2 期，第 99—105 页。

[②] 王维汉：《证据保管链制度的诉讼价值与构建思路》，载《辽宁公安司法管理干部学院学报》2019 年第 2 期，第 30—35 页。

度不仅能规范侦查人员的行为，还能为法官准确认定案件事实提供依据。证据保管链制度通过连贯的记录和相关人员出庭作证，能够有效保证证据的初像性和同一性，降低证据丢失、损坏或被篡改的风险，从而实现刑事司法公正。

优化证据保管体制是提升证据保管效率的重要途径。我国当前的证据保管分散于公安机关、检察院和法院等不同机构，缺乏统一的管理和协调机制。为此，可以设立统一的证据保管机构，以区县或地级市为单位，设立统一的证据保管中心，打破公检法各自保管的混乱局面，实现证据的集中管理和高效流转。同时，引入现代信息技术，建立全国统一的证据保管信息系统，实现证据的动态管理和实时监控。此外，制定统一的证据保管标准，明确不同种类证据的保管条件和环境要求，如防火、防盗、防潮、防磁等，并为证据保管场所配备必要的设施和设备，确保证据的安全性和稳定性。

完善证据保管的立法是解决当前问题的根本措施。现行法律对证据保管的规定较为零散，缺乏系统性和可操作性。为此，应将证据保管的相关规定整合为专门的法律或司法解释，明确证据保管的基本要求、操作流程和法律责任。针对不同类型的证据（如物证、书证、电子数据等），制定具体的保管规范，确保操作的科学性和可操作性。此外，明确诉讼法后果，对因保管不善导致证据失效的，应当在诉讼中排除相关证据的使用，或作出不利于保管方的推断。证据保管链制度要求在每个流转环节都有专人负责保管证据，并对保管情况进行连贯的书面记录，为倒查责任提供了可操作基础。[①]

在实践操作方面，设置专门场所和人员是确保证据妥善保管的基础。公安机关应设立专门的证据保管场所，并配备必要的安防设备，如监控摄像头、门禁系统等。同时，设置专门的证据保管人员，负责证据的日常管理和维护，确保证据的妥善保管。根据不同证据的性质和特

---

① 肖茜：《证据保管链制度研究——以侦查工作为视角》，载《辽宁公安司法管理干部学院学报》2020 年第 1 期，第 8—13 页。

点，进行分类保管，避免证据混淆或污染。此外，建立证据保管日志，实时记录证据的存放条件、变化情况及接触人员信息，确保证据流转的透明性。

最后，强化责任追究机制是确保证据保管制度有效运行的重要保障。通过立法明确证据保管的责任主体，确保每个环节都有专人负责。对因保管不善导致证据失效的行为，依法追究相关人员的法律责任，包括行政责任、民事责任和刑事责任。同时，加强对证据保管工作的监督，定期检查证据保管的执行情况，及时发现和纠正问题。引入外部监督机制，如检察机关、社会公众等，对证据保管工作进行监督，确保其公正性和透明性。[1]无明确、具体的法律责任予以约束的义务，就如同无救济方式的权利般形同虚设。故对于证据保管机构及其人员违反证据保管义务的法律后果必须从立法层面上加以明确。

综上所述，完善我国刑事证据保管制度需要从构建证据保管链制度、优化保管体制、完善立法、加强实践操作和强化责任追究机制等多个方面入手。通过这些措施，可以有效解决当前证据保管中存在的问题，保障证据的真实性和同一性，提升司法公信力，推动刑事诉讼制度的现代化和科学化。这不仅是防范冤假错案的必要手段，也是实现刑事司法公平正义的重要保障。

四、结语

在司法的长河中，每一起案件都是一场对公平正义的深刻考验。辛龙案的曲折历程，从一审被判处死刑缓期执行，到二审改判无罪，再到最高人民检察院通过抗诉成功纠正错判，这一过程不仅是对案件事实的

---

① 李雅健、郑飞：《乱象与规制：中国刑事证据保管制度研究》，载《证据科学》2019年第27卷第1期，第35—52页。

重新审视，更是对我国司法体系纠错能力的全面检验。它彰显了司法机关对"实事求是"原则的坚守，以及对维护司法公正的不懈追求。

通过最高人民检察院的积极抗诉和最高法再审程序的启动，辛龙案最终迎来了公正的判决。这不仅为被害人及其家属带来了迟来的正义，也向全社会传递了一个明确的信号：司法机关有能力自我纠错，有决心维护公平正义。司法的终极目标是实现正义，无论这一过程多么复杂和艰难。

在刑事诉讼中，证据作为核心要素，直接关系到案件事实的认定和司法公正的实现。辛龙案再审纠错凸显了证据裁判原则的意义。完善的证据保管、认定制度不仅能有效防范冤假错案，还能提升司法公信力，确保每一个案件都能经得起法律和历史的检验。同时，刑事再审程序作为司法体系中的重要纠错机制，其科学定位和有效运行对于维护司法公正至关重要。

党的十八届四中全会提出"努力让人民群众在每一个司法案件中感受到公平正义"，这不仅展现了我国推进依法治国、建设法治国家的决心和信心，也为司法改革指明了方向。法治的进步体现在司法、执法过程中的每一个细节，公平正义的实现需要司法机关持之以恒的努力和付出。冤错案的发生往往是多方面原因造成的，包括立法不健全、司法作风不正、片面追求政绩观、先进司法观念的缺失等。因此，在司法改革的进程中，我们必须脚踏实地，确保每一步都扎实有效。防范冤错案件是司法机关的神圣职责。辛龙案的成功纠错提醒我们，司法纠错机制的有效运行离不开检察监督的有力保障。司法人员应严格遵循证据裁判原则，强化程序意识，确保每一起案件都经得起法律和历史的检验。

未来，司法改革应继续深化，以实现程序正义与实体正义的平衡。通过完善证据保管制度、优化审判监督程序、加强检察监督职能等措施，我们可以构建一个更加公正、高效的司法体系，为每一个案件的公正处理提供坚实的制度保障。

辛龙案的经历是一面镜子，映照出我国司法机关在追求公平正义道路上的坚定步伐。"爱恨迷雾渐消散，正义归途终明朗"。正义可能会迟到，但只要坚持法治原则，不断推进司法改革，正义终将到来。

（王靖宜）

二十八年申冤路，一纸错判毁终生

——张满"故意杀人"被判无罪案

引　言

　　2022 年 1 月 28 日上午，云南省大理白族自治州中级人民法院对"张满故意杀人案"再审开庭审理，当庭宣判被告人张满无罪。

　　这一纸无罪判决，张满足足等待了二十八年。已过古稀之年的他，本应儿孙满堂，尽享天伦之乐。然而，由于二十余年前的一件冤案，使他的人生轨迹发生了翻天覆地的变化。曾经备受敬仰与尊重的村主任沦为"阶下囚"，身陷囹圄，丧失自由，时时刻刻遭受着肉体与精神的双重打击。曾经幸福美满的家庭现在濒临破碎。因为张满的含冤入狱，张母患上严重的精神疾病，每次在路上看到穿着深蓝色或墨绿色衣服的人就大喊"坏人来了"，自己逃命似的回家躲到衣柜里。

　　张满是不幸的，也是幸运的。党的十八届四中全会明确指出，健全冤假错案有效防范、及时纠正机制。随着国家法治的进步，刑事司法水平的不断提高，张满的漫漫申冤路终于迎来了满意的结果，正义并未缺席。但是，这迟来的正义的代价是巨大的——张满失去自由的二十八年岁月，无法挽回的、曾经幸福美满的家庭。

　　往者不可谏，来者犹可追。"张满案""佘祥林案""张氏叔侄案"

167

"聂树斌案"等，一个个冤错案让世人触目惊心。虽然"张满案"已经告一段落，但是我们只有从中深刻地反省我国刑事法制存在的问题，才能真正地防止冤错案的再次发生，才能朝着"无冤无错"的司法蓝图更进一步，努力让人民群众在每一个司法案件中都感受到公平正义。

一、案情回顾

（一）灭门疑案，犯人难寻

"杀人了！杀人了！"1989 年 12 月 16 日，一声哭喊打破了云南省大理白族自治州大理市大理镇下兑村清晨的宁静。原本打算到大儿子家借筛子的张凤兰，意外地撞见了令她一生都无法释怀的场景：儿子王学科一家四口倒在血泊之中，全部遇害。王学科的尸体落进院里的水井中。妻子赵丽英在二楼卧室，颈部被割开。王学科 7 岁的儿子、4 岁的女儿死在床上。在目睹这一骇人的惨状后，张凤兰一脸惊恐地冲出门外，无助地哭喊着自己儿子一家的死讯。

此时正在上班途中的村主任张满，听闻王家噩耗后，立即前往村公所打电话报警。大理市公安局迅速组织侦查人员赶往犯罪现场，立即展开勘验和调查等侦查取证工作。法医尸检认定，凶杀案发生在 14 日夜间。在现场勘验的过程中，警方在院内发现了多枚血鞋印与泥血印，经测量长度约为 25 厘米。同时，还在卧室东门墙上发现了一枚血手印。

案发当天下午，侦查人员将早上进入现场的张满等人进行了指纹和掌纹比对，均被排除了嫌疑。案发三天后，法医鉴定的结果为："被害人王学科系头部受锐器砍伤，造成广泛性开放性颅脑损伤死亡；被害人王学科妻子头部受锐器砍伤，造成颅脑损伤及切颈死亡；被害人王学科儿子、女儿均系切颈死亡。"① 虽然受害人的死因已经清楚，但究竟谁才是灭门惨案的真凶却无从得知。鉴于当时侦查技术条件的限制，震惊全国的"大理灭门案"就这样成了一桩无头疑案。

（二）案发五年，突然被捕

距离这起灭门惨案过去了五年，警方虽倾尽全力但仍未抓获真凶。就在这起事件逐步淡出人们的记忆时，一个新的"目标"进入了警方视野。1994 年 12 月 20 日，张满带着妻子张玉吉、儿子张银锋到 4 公里外的生久村喝侄女的新婚喜酒，在离侄女家四五百米的地方，大理市公安局刑侦大队的民警将他拦住，让他带路去一个村民家。张满刚跟着上了警车，办案人员就一左一右拧住胳膊给他戴上手铐，并展开讯问："1989 年 12 月 14 日，你在干什么？"② 张满被这一突如其来的变故弄得措手不及，他无论如何也不会想到，自己作为曾在犯罪现场帮前忙后的村主任，有朝一日竟会被警方锁定为"犯罪嫌疑人"，更不承想自己的命运因为这一桩案件而彻底发生改变。

为什么在案发五年后，张满身为村主任突然被锁定为"灭门案"的"犯罪嫌疑人"？ 这一切都要从王学科的父亲王世明向警方提供的一条线索说起。据卷宗材料显示，在前期侦查中，除了现场证据外，指向犯罪嫌疑人的线索主要有三：其一，王家曾与哪些人有过矛盾？ 其二，村民赵凤泽称事发前的 12 月 14 日晚上，他回家时曾碰到一个形迹可疑的人。其三，有多名邻居称，12 月 14 日晚 10 点到 11 点之间，听见王学科家有女人的叫喊声。1991 年 1 月 17 日，王学科的父亲王世明向公安机关

---

① 宋霞：《喊冤 28 年他终于摘掉了"大理灭门案凶手"的帽子》，北青网：https://baijiahao.baidu.com/s?id=1723255313195443147&wfr=spider&for=pc，2023 年 12 月 22 日访问。

王剑强、王红强：《"大理灭门案"76 岁被告人张满：养好身体，相信法律，耐心等待再审》，红星新闻：https://baijiahao.baidu.com/s?id=1719225012526510712&wfr=spider&for=pc，2023 年 12 月 22 日访问。

② 刘木木：《刑满出狱的张满：说我"杀了四个人"，却又不判我死刑》，红星新闻：https://weibo.com/ttarticle/p/show?id=2309404259962158243305，2023 年 12 月 24 日访问。

提供了新的线索。他向公安机关反映，案子是自己的把兄弟臧玉和时任大理市城建局副局长李某请杀手干的，而张满也参与其中。正是缘于此，张满被纳入了警方的侦查视野，并锁定为"真凶"。[①]

（三）威逼利诱，"誓破"疑案

据张满回忆，上车后，他就被带到了刑侦大队的讯问室，讯问工作由大理市公安局刑侦大队时任大队长甘某亲自负责。面对这一"莫须有"的罪名，张满开始并不担心，因为他相信是警方搞错了，法律会证明自己的清白。然而，他却低估了警方"誓破"这一灭门疑案的"决心"，一场针对张满的"阴谋"正在悄然酝酿着。

根据1996年修正的《刑事诉讼法》第一百二十九条的规定，公安机关侦查终结的案件，唯有当犯罪事实清楚，证据确实、充分时，才能移送人民检察院审查起诉。但是，在这起案件中既没有指向张满的物证，也没有能够证明张满有作案动机的人证，唯一能够使张满与此案产生关联的，就是王学科父亲王学明提供的线索。为了"坐实"张满的真凶身份，公安机关围绕着口供作出了多方面的"努力"。

20世纪90年代，由于我国刑事法制水平落后，司法实践中仍盛行着"口供为王"的不良作风。为了"拿下"张满的口供，公安机关对他发动了集中而猛烈的攻势。据张满记者反映，在讯问开始时，警方便要求他承认杀害了王学科一家四口，并讲述详细的作案经过。在他否认作案后，办案民警从1994年12月20日下午至12月27日，连续八天时间，对他进行了刑讯逼供，手段包括暴力殴打、不让吃饭等非法手段。

1994年12月28日，张满第一次也是唯一一次作了有罪供述。作出这份有罪供述并不是因为他"顶不住"了，而是由于警方告诉他，他的妻子和儿子也被控制了起来，因为担心妻儿，他便按照当年协助公安勘查三天在现场看到的、从有关人员那里听到的，加上提审人员的"提

---

① 黄雨馨、宛安：《张满洗冤记》，财新网：https://weekly.caixin.com/m/2022-02-18/101843707. html，2023年12月18日访问。

醒"，编造了一个作案过程。在这份有罪供述中，张满详细"描述"了他的作案动机与经过："我与村民王世明有矛盾，所以决定杀他的儿子王学科。我专门穿了红色运动服、39码的钉鞋，戴上了手套，于案发当晚10时到王学科家敲门。王学科开门后，我先给其递了一支香烟，趁其不防备用石头砸倒王学科，继而上楼用锄头杀害了其妻子儿女。我先是用锄头砸，继而用了厨房里的刀具。我平日穿43码的鞋子，因39码的鞋太小，我不得不割开鞋后帮。作案后，凶器被我丢到了洱海里。"张满对记者称："直到编造的大体情节与现场状况相吻合，讯问人员才让我喝水、吃饭。我这才从死亡线上捡回了一条命。"

1994年12月28日，张满作出有罪供述后终于被送到了看守所关押，被上了脚镣手铐、剃了光头。尽管如此，张满却感觉自己摆脱了地狱般的日子。在此之后，得知妻儿安全的他，尽管遭受过"人质要挟"，但是再也没有作过有罪供述。①

（四）两审宣判，刑期疑云

1996年8月29日，在张满被公安机关收容审查近两年后，才被云南省大理白族自治州人民检察院批准逮捕。1996年12月2日，云南省大理白族自治州人民检察院提起公诉，起诉书称，经本院审查查明：被告人张满因与同村村民王世明有积怨，而起杀害王世明的长子王学科进行报复的恶念。1989年12月14日晚，张满叫开王学科家的大门后，进入院子里，趁王学科不备将其击倒并杀害。此时王学科的妻子赵丽英在楼上呼喊，张满持刀冲上王家二楼闯入赵丽英的卧室，先用锄头将其击昏，接着用菜刀将赵丽英及其子王高能、其女王高田杀害。随后，张满将王学科的尸体抛入水井中，逃离现场。本院认为，张满无视国家法律，非法剥夺他人一家四口人生命，手段特别残忍，情节特别严重，其行为已触犯1979年《刑法》第一百三十二条之规定，构成故意杀人罪。

① 仲若辛、马奔：《张满案疑云：灭门惨案被告人获无期徒刑》，辩护人网：http://www.bianhuren.net.cn/index.php/article/read/aid/6066，2023年12月19日访问。

1997年3月25日，云南省大理白族自治州中级人民法院开庭审理张满涉嫌故意杀人一案。庭审过程中，张满的辩护律师做无罪辩护，对检察机关的指控提出三方面的质疑。首先，本案中没有客观证据能够证明张满就是凶手。具体理由：其一，现场的脚印长度为25厘米，应该为39码鞋所留印迹，但张满穿43码鞋，无大脚穿小鞋之道理；其二，现场发现的指印、脚印，经鉴定非张满所留；其三，除锄头把外，现场未发现张满留下的其他任何物证痕迹；其四，鉴定意见中显示留有张满血迹的锄头把与现场勘验笔录中的锄头把不一致，两个锄头的长度不仅相差2.5厘米，而且血迹留存部位明显不一致，且该鉴定意见认定锄头把上留有张满血迹不具有唯一性，锄头把上的血迹仅为血型与张满的血型一样。

其次，控方所提供的两份证人证言存在严重瑕疵。其一，两人证言内容雷同。其二，两证言均称亲眼看到张满杀人经过，称张满杀害王学科时，赵丽英一面叫一面跑下楼来，张满又拿起锄头把追打赵丽英，并一直追上了楼。"当天夜里下过雨，一到天井中脚就沾上泥巴，但现场发现的44个脚印中，并没有小脚印（女人的脚印）。"其三，既然听到呼喊及看见杀人，为什么不援救，最起码可以声援。此外，为什么当时不向公安机关作证？时隔七年之后才作证？

最后，张满的口供不具有证明能力。张满没有杀人动机，而因其参加了勘验现场和调查取证，熟知案发现场情况，其口供丧失了"口供与现场一致"的证据价值。[①]

尽管辩护律师指出检方提供的证据存在诸多缺陷，然而云南省大理白族自治州中级人民法院并未采纳辩护意见，仍然支持了检察机关的起诉，作出了一份令人困惑不已的判决。判决书显示，一审法院认为张满的犯罪事实有报案记录、现场勘查笔录、物证、抓获经过、尸体检验笔录等证据支持，基本事实清楚，证据确实，公诉机关指控被告人张满的

---

① 刘木木：《刑满出狱的张满：说我"杀了四个人"，却又不判我死刑》，红星新闻：https://weibo.com/ttarticle/p/show?id=2309404259962158243305，2023年12月24日访问。

罪名成立，应予支持。判决称，张满无视国家法律，为了报复泄愤，非法剥夺他人的生命，其行为已经构成故意杀人罪，"张满杀人手段特别残忍，情节特别严重，社会危害极大，本应依法严惩，鉴于本案的实际情况，应酌情考虑从轻处罚"①。一审判决结果为，被告人张满犯故意杀人罪，判处无期徒刑。

这一份判决无疑是令人感到困惑的。如果张满真的如判决书所称杀害了四人，为什么不判处死刑，而是以一种模糊的理由"鉴于本案的实际情况，应酌情考虑从轻处罚"判处张满无期徒刑？对于一审判决结果，云南省大理白族自治州人民检察院、被害人王学科家属、被告人张满均表示不服。

云南省大理白族自治州人民检察院认为，判决张满犯故意杀人罪正确，但没有任何的从轻情节，应当从严惩处，遂以"一审判决程序违法，对被告人张满量刑畸轻，罪刑不适应"为由向云南省高级人民法院提起抗诉。张满提起上诉，认为自己"没有杀人，所作有罪供述是刑讯逼供形成，请求改判无罪"。云南省高级人民法院第二审审理后，作出驳回抗诉和上诉、维持原判的裁定。第二审裁定书认为，"检察机关提出本案对被告人量刑畸轻，罪刑不适应的抗诉理由，综观本案案情，本院不予支持。""张满提出所作有罪供述是刑讯逼供形成的，经查无事实依据，应予驳回。"②

（五）二十八年申冤路，一纸错判毁终生

1999年9月14日，云南省高级人民法院作出终审裁定，维持了云南省大理白族自治州中级人民法院对于张满无期徒刑的一审判决。1999年12月16日，张满被送到云南省第二监狱服刑。张满在服刑期间不断地向各级司法机关申诉，每月都要写申诉信。2002年10月21日，云南省高级人民法院以"申诉的理由没有相应的证据证实，不足采信，亦不

①《云南省大理白族自治州中级人民法院刑事附带民事判决书》（1997）大中刑初字第14号。

②《云南省高级人民法院刑事附带民事裁定书》（1999）云高刑终字第204号。

符合我国《刑事诉讼法》第二百零四条规定的再审条件"，原判对定罪量刑并无不当，决定驳回申诉，维持原判。

张满因在狱中表现良好，刑期由无期徒刑减为了有期徒刑，并于2007年、2009年获得两次减刑，2011年9月14日，因患高血压极度危险、年老多病久治不愈等病情，张满获准保外就医、监外执行。2018年3月19日，张满服刑期满。这距离他涉案已过去23年3个月。在此期间，张满一直坚持申诉，常挂在他嘴边的一句话就是："没做过就是没做过。如果是我做的，为什么不判我死刑？"幸运的是，张满堆积如山的申诉卷宗最终引起了云南省人民检察院的注意，并重新审查该案。

2019年10月22日，云南省人民检察院认为本案"事实不清，证据不足"，向云南省高级人民法院提出再审检察建议，建议重新审理。2021年12月13日，张满收到云南省高级人民法院的再审决定书："发现该案符合再审立案条件，经本院审判委员会讨论决定，案件由本院另行组成合议庭再审。"

2022年1月28日，云南省高级人民法院对"张满故意杀人案"再审开庭审理。在庭审中，张满的辩护律师认为，张满因遭受公安机关刑讯逼供被迫作出虚假供述，作为直接证据的被告人供述，丧失了真实性和合法性；本案唯一与张满有联系的物证锄头把显然系伪造；本案多名证人证言前后矛盾，不能互相印证，也不符合现场情况，依法不应作为定案证据；现场勘验笔录足以证明张满不是杀人凶手。原审法院，未对相关证据调查核实，不采纳辩护人无罪辩护意见，错误地作出留有余地的判决。经过庭审的激烈辩论，云南省高级人民法院采纳了辩护律师的部分申诉理由。再审判决认为，原审裁判事实不清、证据不足，当庭宣判张满无罪。①

冤屈昭雪，张满的二十八年漫漫的申冤路终于随着再审的无罪判决迎来了较为满意的结局，正义最终得到了伸张。"除夕可以不放鞭炮，

---

① 仲若辛、马奔：《张满案疑云：灭门惨案被告人获无期徒刑》，辩护人网：http://www.bianhu ren. net.cn/index.php/article/read/aid/6066，2023年12月19日访问。

今天一定要放！一放村里人就知道我平冤昭雪了。"作为曾经村里的一把手，因为一起冤案，他遭受到村里人的排挤、村民背后的指指点点，直到再审宣判的这一天，他压抑了 22 年的情绪才终于得到释放。"张满案"的申冤之路反映了党中央纠正冤错案的决心和信心，体现了"不冤枉一个好人"的社会主义法治精神，但是同时也深刻地警醒着我们：冤错案件虽然可以纠正，但是刑事司法不公对于当事人造成的伤害却无法逆转。

二、法理研判

（一）严禁"留有余地"的判决、坚守"疑罪从无"的法治原则

"不冤枉一个无辜的人"，一直是我国《刑事诉讼法》的基本目的，"疑罪从无"始终是我国刑事诉讼的一项基本原则。但中国长期存在"重打击、轻保护""重实体、轻程序"刑事司法观念，在刑事司法实践中片面强调"惩罚犯罪"，忽略"尊重和保障人权"，司法机关不敢坚持"疑罪从无"，反而遵循"罪疑从轻""罪疑从挂"等有罪推定的刑事司法理念。在这一思想的影响下，对于存疑的死刑案件往往采用"留有余地"的判决。在"张满案"中，一审法院的判决是典型的"留有余地"的判决。

所谓"留有余地"的判决，是指在案件犯罪事实不清、证据不足，或者被告人构成犯罪尚存疑点的情况下，法院没有依法作出证据不足，指控犯罪不能成立的无罪判决，而是宣告被告人构成犯罪，但不科处死刑立即执行，在量刑上"留有余地"，选择死缓或者自由刑，[1] 以便将来一旦发现判决错误时，给自己、给当事人留有一个回旋余地，不至于因

---

① 陈瑞华：《留有余地的判决——一种值得反思的司法裁判方式》，载《法学论坛》2010 年第 4 期。

执行死刑而不可逆转。本案中云南省大理白族自治州中级人民法院认定被告人张满手段特别残忍，情节特别严重，社会危害极大，其行为已经构成故意伤人罪。按照该认定结论，张满残忍"杀害"一家四口，其中还包括一名 7 岁的男童与一名 4 岁的女童，依法应当判处死刑立即执行。然而，云南省大理白族自治州中级人民法院却以"鉴于实际情况，应酌情考虑从轻处罚"为由，判处张满无期徒刑。

根据现行《刑事诉讼法》第二百条规定："人民法院应当根据已经查明的事实、证据和有关的法律规定，分别作出以下判决：（一）案件事实清楚，证据确实、充分，依据法律认定被告人有罪的，应当作出有罪判决；（二）依据法律认定被告人无罪的，应当作出无罪判决；（三）证据不足，不能认定被告人有罪的，应当作出证据不足、指控的犯罪不能成立的无罪判决。"依据该条规定，云南省大理白族自治州中级人民法院如果认为案件事实清楚，证据确实充分，即应遵循罪责刑相适应原则，判处张满死刑。如果认为案件存疑，则应当贯彻疑罪从无原则，判处证据不足，指控的罪名不能成立，宣判张满无罪。但是，云南省大理白族自治州中级人民法院却出于各种考量，违背了《刑事诉讼法》的立法精神与法律规范，在定罪证据明显从疑的情况下，遵循"疑罪从轻"原则，留有余地地判处张满无期徒刑，对于"张满冤案"的酿成负有不可推卸的责任。反思"留有余地的判决"的根源，主要有如下几个方面的成因：

第一，在诉讼构造上，以侦查为中心的诉讼格局是酿成冤错案发生的诉讼根源。

现行《刑事诉讼法》第十二条规定，未经人民法院依法判决，任何人都不得被确定有罪。依据该条规定，在人民法院作出有罪判决前，任何人在法律上都应当视为无罪的人，禁止有罪推定。公正的审判是被告人定罪和量刑的核心和关键，应当坚守审判的中心地位，发挥审判在查明事实、认定证据、定罪量刑的核心地位和关键作用。审判中心要求审前阶段对被追诉人有罪认定，都不具有预决效力，仅仅作为当事人一方的判断，不具有法律的确定力。但是，在刑事诉讼中却存在着一种异化现象，将本来仅仅带有公诉预备性质的侦查程序视为刑事诉讼的中心，而审查起诉与审查终结都变成对侦查结论的审查与确认过程，从而形成了以侦查为中心的刑事诉讼格局。[1]

在以侦查为中心的诉讼格局下，侦查机关被赋予了不受拘束的权力，并对刑事诉讼中的其他阶段与机关形成了反制，导致法院迫于侦查机关的压力放弃了对案件进行实质化审理的机会，对于侦查机关存在的违法行为，不仅无法进行纠正，甚至往往有意无意地纵容与掩盖，侦查成为审判的"预演"，具有强大的预决效力。

本案中，由侦查机关收集的证据存在着诸多显而易见的漏洞和错误。例如，案发现场留下的脚印与张满的鞋码存在明显不符；在犯罪现场所收集到的物证（包括血掌印、血鞋印、头发、烟头等）经鉴定均与张满的生物特征不一致；多份证人证言存在着明显的矛盾且前后不一致。法庭审理过程中，法官无视这些关键证据之间的矛盾，且在被告人否认和辩护律师提出疑问的情况下，不做任何实质性审查，放弃审判职责，甚至明知证据不确实、不充分，对被告人是否实施犯罪行为存在显而易见的疑问和不确定的情况下，迫于侦查机关的压力，全盘对侦查机关收集的证据，作出带有妥协性质的裁判结果，终致"张满冤案"发生、司法悲剧上演。

第二，在刑事司法观念上，"有罪推定"是催化冤错案产生的思想祸根。

2013年《最高人民法院关于建立健全防范刑事冤假错案工作机制的意见》（法发〔2013〕11号）第六条明确规定，定罪证据不足的案件，应当坚持疑罪从无原则，依法宣告被告人无罪，不得降格作出"留有余地"的判决。"留有余地"的判决的实质在于，在定罪方面实行"疑罪从有"，在量刑方面遵循"疑罪从轻"原则，但无论是"疑罪从有"抑或

---

[1] 陈瑞华：《论侦查中心主义》，载《政法论坛》2017年第2期。

"疑罪从轻"都是"有罪推定"的具体表现，从而违背了"无罪推定"这一现代刑事诉讼的基本精神与理念。

所谓"无罪推定"原则，最早是由意大利古典刑事法学派代表人物贝卡利亚于 1764 年在《论犯罪与刑法》中明确提出来的，是指在法院依法作出生效裁判之前，犯罪嫌疑人、被告人在法律上是无罪的。[①] 据该原则的要求，当检察官的举证不能充分证明犯罪事实，对被告人是否犯罪有怀疑时，应当作出有利于被告人的解释，即无罪，实行疑罪从无。无罪推定原则是法治的一项基本原则，得到了世界法治国家的普遍遵守，是国际刑事司法公正的最低准则之一。例如，《公民权利和政治权利国际公约》第十四条第二项规定，凡受刑事控告者，在未依法证实有罪之前，应有权被视为无罪。我国《刑事诉讼法》第十二条确立了无罪推定原则。

"无罪推定"原则要求，坚守"疑罪从无"，认定被告人有罪需要达到证据确实充分的程度，如果达不到这一证明标准，则应当判决被告人无罪。[②] 在本案中，人民法院的判决本身其实已经表明了对张满是否构成犯罪存有疑问，只是当存有疑问时，选择了"有罪推定""罪疑从轻"，而没有坚守"无罪推定""疑罪从无"的观念和法律原则。

第三，在司法体制上，不合理的考核制与审批制是冤错案形成的体制基因。

侦查机关的破案率、公诉机关的有罪判决率，是长期存在于中国司法实践中的重要考核指标。对于一些重大案件，公安机关往往承受着"命案必破"或"限期侦破"的巨大社会与政治压力。一旦公安机关宣告案件侦破，必然会要求检察机关提起公诉，否则就会因考核不合格影响其工作前途的发展。同样地，对于检察机关起诉的案件，法院一旦作出无罪判决便会严重影响检察机关的工作业绩。[③]

---

① 《刑事诉讼法学》编写组：《刑事诉讼法学》，北京：高等教育出版社，2022 年，第 82 页。

② 《刑事诉讼法学》编写组：《刑事诉讼法学》，北京：高等教育出版社，2022 年，第 83 页。

③ 王丽丽：《"留有余地"的死缓判决的内涵及成因》，载《晋中学院学报》2011 年第 1 期。

正是在这样不合理的考核机制下，同为政法机关的法院为了避免给公安机关与检察机关的工作增设障碍，只得炮制出这样一份带有妥协性质的"留有余地"的判决。此外，从法院内部来看，也有着尽量避免作出无罪判决的难言苦衷。从基层人民法院、中级人民法院到高级人民法院，对无罪判决的出炉几乎达到严格控制、层层审批的地步。无罪判决往往需要经过"叠床架屋"，烦琐复杂的内部行政审批，承办法官要向院庭长进行汇报，还要经审判委员会讨论案件的程序。在一些重大的要案中，承办法官还要向上级法院乃至政法委汇报，经受着各种各样的审查程序。① 正是在不合理的考核机制与审批机制下，即使面对诸如"张满案"这样明显存疑的案件，法院也因为担心作出无罪判决而产生不利后果，以及后续要经受烦琐的审批程序，从而作出"留有余地"的有罪判决。

（二）破除"口供中心主义"、贯彻"证据裁判原则"

在云南"张满案"、湖北"佘祥林案"、河南"赵作海案"、湖南"杨明银案"等这些令人震惊的冤案背后，我们发现了个别侦查机关刑讯逼供的影子。从立法规定来看，我国立法机关否定了口供作为"证据之王"的诉讼地位，并尝试不断弱化其证据作用。1979 年《刑事诉讼法》规定，"重证据，重调查研究，不轻信口供""单依口供不能定案"以及"无供可以定案"等口供运用规则。然而，与之形成鲜明对比的是，实践中，公安机关仍然有着浓厚的"口供情结"，侦查、审查起诉和审判工作都是围绕着口供而展开，并将口供作为定案处理的主要依据，形成了"口供中心主义"的诉讼方式。②

所谓"口供中心主义"，是指侦查破案、审查起诉和法庭审判主要围绕着犯罪嫌疑人、被告人的口供展开，并把口供作为认定案件事实核

---

① 陈瑞华：《留有余地的判决——一种值得反思的司法裁判方式》，载《法学论坛》2010 年第 4 期。

② 闫召华：《口供中心主义评析》，载《证据科学》2013 年第 4 期。

心的诉讼理念和办案方式。具体而言，在侦查阶段，侦查活动从口供入手，以获取犯罪嫌疑人供述为侦查工作的中心任务；在审查起诉阶段，以审阅讯问笔录和讯问犯罪嫌疑人为审查案件的重点，将口供作为决定起诉与否的主要依据；在审判阶段，以口供能否得到其他证据印证作为认定事实的依据。在"口供中心主义"的诉讼方式下，形成了"以供定案"的证明方式，只要拿到有罪供述这一关键证据，无论口供的取得方式是否合法，是否与其他证据存在矛盾，是否存在其他关键证据缺失，这些都不重要、均可忽视，只要有罪供述就可以对被告人定罪处刑。

在"口供中心主义"影响下，口供成为刑事诉讼程序能否顺利进行下去、办案人员能否高效完成任务的关键因素。在案件办理过程中，口供起到举足轻重的作用，成为刑事诉讼高度依赖的"证据之王"，获取犯罪嫌疑人的供述，成为刑事诉讼的中心任务。

回溯"张满案"从侦查至宣判的全流程，不难发现"口供中心主义"在实践中的运行样态及弊害。在本案的侦查阶段，云南省大理白族自治州公安机关在尚未掌握任何证据的情况下，仅凭被害人的一条线索便锁定张满是"凶手"，侦查活动以"拿下"张满的口供为破案目标。为了让张满承认其为"作案真凶"，公安机关不惜采用了暴力、威胁、引诱等非法方法。据张满陈述，在他不认罪时，侦查人员"用拳头、手铐、胶木棒、皮带抽打我，用木棒压在我腿上踩我，用开水烫我，用烟头烧我，下令断我的粮水"。[①] 为了迫使张满"供述"其作案经过，侦查人员甚至以张满妻儿的自由为要挟，威吓张满如若不认罪，就会在他的妻子、儿子身上作文章。[②] 最终张满结合自己当年看到的现场，辅以"合理"想象，加之办案人员"提醒"作出了有罪供述。在获得张满的有罪供述后，侦查人员根据口供收集了其他相关证据。其中，包括同村两名村民所提

① 刘木木:《刑满出狱的张满：说我"杀了四个人"，却又不判我死刑》，红星新闻：https://weibo.com/ttarticle/p/show?id=2309404259962158243305，2023 年 12 月 21 日访问。

② 刘木木:《刑满出狱的张满：说我"杀了四个人"，却又不判我死刑》，红星新闻：https://weibo.com/ttarticle/p/show?id=2309404259962158243305，2023 年 12 月 21 日访问。

供的证实张满就是作案凶手的证人证言（后经证实，两份证人证言均为"虚假证言"），经鉴定带有张满血迹的锄头把，等等。

在本案的审判阶段，一审与二审法庭采信非法供述，忽视矛盾证据，以口供与其他证据相互吻合为由，认定案件基本事实清楚，基本证据确凿。二审法院认为，"原审判决认定被告人张满报复杀死王学科一家四口的犯罪事实，有公安机关现场勘查笔录、尸体检验报告、现场提取作案工具菜刀、石头、锄头把及证人证言等证据在案证实。被告人张满亦曾有过供述在卷，所交代的作案时间、情节、手段等均与上述证据相吻合。本案基本事实清楚，基本事实确凿"。对于张满及其被告人所提出的口供系刑讯逼供取得，二审法院在没有进行任何调查的情况下便认为，"经查无事实依据，应予驳回"。"张满案"为我们研究"口供中心主义"的诉讼方式提供了生动的实践标本。在该种诉讼方式下，公安机关在侦查过程中"重打击、轻保护"。在锁定"犯罪嫌疑人"后，便以突破口供为破案关键，采取刑讯逼供等非法方法获取"认罪供述"。审判机关在证据认定时"重认罪口供、轻实物证据"，导致庭审纠错功能失灵，异化为了被告人有罪供述的确认程序，最终酿成冤案。

"口供中心主义"生存的空间和土壤是由多方面的因素相互叠加形成的。既受我国"罪从供定"的口供主义诉讼文化传统之影响[1]，又与我国侦查实践中普遍存在的"由供到证"的侦查方式有关，更受到我国"流水作业式"线性诉讼构造的叠加作用。从诉讼文化传承看，我国深受纠问主义诉讼文化的影响，长期盛行"无供不录案"的口供主义，我国司法实践中潜在的"口供中心主义"或"口供依赖"是传统诉讼文化的延续与映射[2]。从侦查方式来看，由于口供的获取可以避免因侦查技术不足、办案经费紧张以及办案人员素质欠缺等不利因素造成的取证困难，并且口供中包含了案件事实的基本要素，出于成本效率的考量，侦查人

---

[1] 闫召华：《口供何以中心——"罪从供定"传统及文化解读》，载《法制与社会发展》2011年第5期。

[2] 李训虎：《口供治理与刑事司法裁判》，载《中国社会科学》2015年第1期。

员往往钟情于对口供证据的获取，进而以口供为突破口获得案件的其他证据。[①] 从诉讼构造上看，流水线式的纵向诉讼构造导致三机关配合有余、制约不足，加之侦查权缺乏有效控制的现实境况，进一步地凸显了这一问题，最终导致作为裁判者的法官无法对控方案卷中的口供笔录作出客观公正地裁断。

为了破除"口供中心主义"下冤错案发生的弊疾，需要科学地看待口供在刑事诉讼中的应然地位。毋庸讳言，犯罪嫌疑人、被告人的供述在破案抓凶、指引侦查方面发挥着无可替代的重要价值与意义。若收集、运用得当，不仅有助于还原事实真相，实现司法正义，还能够提高侦查效率，节约司法成本。但同样地，囿于口供的不稳定性、主观性等诸多特质，若收集、运用失范，则极易酿成冤错案，招致犯罪嫌疑人、被告人的生命、自由等诸多权利处于危害之下。

公安司法机关办案人员必须正确客观、辩证理性地对待口供，打破"口供神话"的思维桎梏，扭转"由供到证"的侦查弊习，确保认罪的自愿性和合法性，严禁刑讯逼供等非法方法收集证据，严格非法证据排除，贯彻无罪推定、罪刑法定、疑罪从无、证据裁判等法治原则，确保证人、鉴定人、警察出庭作证制度，实现庭审实质化审理。

（三）解决刑事申诉难的弊端、完善冤错案纠正机制

实现公平正义、防止冤错案发生，每一个法治国家必须为之不懈奋斗。为此，世界法治国家不断完善刑事冤错案的甄别、发现、纠正机制，以期最大限度地为蒙冤者洗清罪责，消解刑事冤错案对司法公正带来的危害。

为及时纠正冤错案件，我国《刑事诉讼法》规定了再审程序。但是，从实践效果来看，再审程序实施的效果不佳。定量研究显示，刑事再审案件的数量始终保持低位运行。从近十年的司法数据看，全国法院

[①] 赵培显：《刑事错案中的口供问题及对策》，载《郑州大学学报》（哲学社会科学版）2014年第3期。

一审、二审刑事案件结案数量双双呈现整体走高的趋势。2007年，一审、二审结案数量分别为720666件、92364件，这一数值在2015年达到了1099205件、141155件，增幅为52.5%、52.8%。[①]然而与之形成鲜明对比的是，再审结案的数量却始终保持在低位运行，并有逐年下滑的趋势。[②]定性研究表明，我国刑事再审程序存在着申诉难、启动难、纠错难等"老大难"问题。因此，有必要剖析我国刑事申诉制度实践运行不佳的深层症结，以期建构规范、高效、科学的刑事再审程序。我国刑事申诉制度运行失范的原因主要有如下几个方面：

第一，刑事申诉审查程序形式化。

通常有五种提起审判监督程序的材料来源，包括当事人及其法定代理人、近亲属的申诉；公安司法机关自行发现错误裁判；各级人民代表大会提出的纠正错误裁判的议案；人民群众的来信来访；机关、团体和新闻媒体等单位对生效裁判的意见。在这五种材料中，申诉往往成为发现错误裁判的最为重要的材料来源。由于申诉审查程序流于形式，导致通过申诉难以实现发现和纠正冤错案的功能。我国现行《刑事诉讼法》第二百五十二条规定："当事人及其法定代理人、近亲属，对已经发生法律效力的判决、裁定，可以向人民法院或者人民检察院提出申诉，但是不能停止判决、裁定的执行。"据此，我国《刑事诉讼法》赋予了当事人请求司法机关对错误生效裁判予以重新审判的权利。但是与上诉不同的是，我国对于当事人"申诉"的定位为向司法机关提起的"请求"，并非基于诉讼主体地位而具备的"诉权"，当事人申诉不具有强制性效力。

效力的欠缺导致司法机关的申诉审查程序形式化，难以发挥实质性审查作用，即使案件判决结果存在明显的错误，基于再审对原审司法机

[①] 殷闻：《刑事再审启动程序的理论反思——以冤假错案的司法治理为中心》，载《政法论坛》2020年第2期。

[②] 有学者统计，1998年我国刑事案件的再审率曾达2.96%。此后再审率逐年下降，2013年，我国刑事案件的再审率仅为0.29%。陈永生：《冤案为何难以获得救济》，载《政法论坛》2017年第1期。

关带来的负面影响等多重因素的考量，往往也不能引起申诉审查机关应有的重视与回应。[①] 在"张满案"中，自 1999 年起至 2018 年，近二十年的时间，张满每周一次的申诉都石沉大海。直到 2019 年，那堆积如山的申诉卷宗方引起云南省人民检察院的重视，才进入实质审查程序，最终得以发动再审。在现行审查机制下，欲通过刑事申诉发现冤错案，何其难也。

第二，"自我纠错"的再审启动程序设计不合理。

根据我国现行《刑事诉讼法》第二百五十四条之规定，有权提起审判监督程序的主体包括各级法院院长和审判委员会、最高人民法院和上级人民法院以及最高人民检察院和上级人民检察院。而在司法实践中，我国刑事再审的启动一般是以"自我纠错"为主的，即一般是由当年办案的司法机关或者其上级机关去决定再审或改判。[②] 这种"自我纠错"的制度设计违背了心理学基本规律，存在着严重的原初缺陷。心理学知识表明，趋利避害是人的基本行为模式，否认甚至掩盖自己的错误也是人的一种本能。因此，冤错案的制造者当看到当事人提供的申诉材料往往会选择忽视，不愿意启动再审程序，更有甚者甚至会想方设法地阻碍翻案。即使是司法机关或者上级司法机关没有直接地参与制造冤错案，也有可能基于各种考量，诸如部门利益等而不愿意启动再审程序。本案中，2002 年张满向云南省高级人民法院申诉后，在未经任何审查的情况下，云南省高级人民法院便以"申诉的理由没有相应的证据证实，不足采信，亦不符合我国《刑事诉讼法》第二百零四条规定的再审条件为由"，称原判对定罪量刑并无不当，决定驳回申诉，维持原判。由是观之，在"自我纠错"为主导的刑事再审启动程序格局下，刑事冤错案的当事人难以通过申诉制度、再审程序维护自己的合法权益。

[①] 殷闻：《刑事再审启动程序的理论反思——以冤假错案的司法治理为中心》，载《政法论坛》2020 年第 2 期。

[②] 何家弘、刘译矾：《刑事错案申诉再审制度实证研究》，载《国家检察官学院学报》2015 年第 6 期。

第三，法外因素成为再审程序启动的动因。

实践中，冤错案纠正与再审程序有无实质关联，两者之间是否建立起有效的因果联系，是十分值得商榷的。一方面，在刑事冤错案的纠正中，舆论往往起到重要的助推作用。一个案件是否能够被纠正，取决于受到媒体的关注程度。"张满冤案"之所以最终能够沉冤得雪离不开媒体的曝光与报道。另一方面，在刑事冤错案的纠正中，司法机关"决策者"的态度通常是冤错案件能否得到纠正的关键因素。正是在舆论等多重因素的合力作用下，"张满案"才得以启动再审。

在美国，自1972年至2002年间，有100多人从等待执行的行列中被拯救出来。这说明案件的审判在任何制度下都不可能无冤无错。虽然刑事冤错案的发生无法避免，但是如何使刑事冤错案及时得到纠正，取决于刑事再审程序的制度设计和有效运行。近年来，党中央高度重视并在多个司法性文件中着重强调要"健全冤错案件的及时纠正机制"。在此背景下，刑事再审程序的改革和完善可谓势在必行。未来，应在正当程序观念指引下，强化当事人申诉的刚性效力，优化刑事再审的启动机制，规制影响再审的法外因素，建构起规范、高效、科学的刑事申诉制度与再审程序。

三、反思与启示

（一）持续深化以审判为中心的刑事诉讼制度改革

"张满案""聂树斌案""呼格吉勒图案"等一系列冤错案无不充分彰显，刑讯逼供等违法办案现象是产生冤错案的根源。严格排除非法证据，坚持无罪推定、疑罪从无原则，发挥庭审把关作用，落实审判中心地位，是防范冤错案的关键措施。然而遗憾的是，在侦查中心主义的诉讼格局下，真正决定犯罪嫌疑人和被告人命运的不是审判，而是侦查。在权力集中且不受控制的个别侦查机关反制之下，个别法院无法独立行使裁判权，失去了本应具备的纠错能力。

党的十八届四中全会提出，推进以审判为中心的诉讼制度改革。推进以审判为中心的刑事诉讼制度改革要求重新认识司法权性质，遵循司法运行规律，重新配置司法权，改革司法运行的体制机制。长久以来，制约我国刑事司法公正的核心问题在于侦查、起诉和审判三方职能失调，侦查权力过大，审查起诉形式化，审判核心无从彰显。以审判为中心的刑事诉讼制度改革，就是要扭转侦查中心主义的诉讼格局下侦、诉、审三方关系失衡的现实局面，摆正三者的关系，建构一个科学合理的诉讼构造，以实现法官中立者裁判地位，审判作为侦查、起诉审查把关者以及案件最终决定者的功能。[①] 推进审判中心主义的刑事诉讼制度改革具体内涵如下：

第一，从诉讼职能上看，审判职能在侦、诉、审三者中应处于中心地位。

在英美法传统中奉行"诉讼即审判"的观念，追究犯罪嫌疑人、被告人刑事责任的活动本就围绕着审判这一中心展开，审前阶段只是为审判作准备，法院对侦查、起诉有权进行司法审查，[②] 并不存在"以审判为中心"抑或"审判中心主义"的概念。与英美国家不同，在我国审判只是诉讼的一个阶段，甚至并非最为重要的阶段。由于历史和现实的原因，基于打击犯罪、维护社会秩序的需要，公安机关在公、检、法三机关中处于"优势"地位，侦查阶段在三阶段中处于"核心"阶段，侦查结论对审查起诉和审判结果具有潜在的预决效果。

鉴于此，推进以审判为中心的刑事诉讼制度改革，就必须扭转侦查中心主义格局下三机关关系异化诉讼构造，顺应刑事司法规律，突出审判职能在侦、诉、审中的中心地位，充分地发挥审判职能本应具备的制约和纠错功能。凸显审判职能的重要功能，究其原因在于，只有公正审

---

① 陈卫东：《以审判为中心：当代中国刑事司法改革的基点》，载《法学家》2016 年第 4 期。

② 陈光中、步洋洋：《审判中心与相关诉讼制度改革初探》，载《政法论坛》2015 年第 3 期。

判才拥有定罪量刑的司法功能。《刑事诉讼法》第十二条规定，未经人民法院依法判决，对任何人都不得确定有罪。该条规定赋予了审判职能的终局性和权威性，侦查、起诉、预审等程序中专门机关对犯罪嫌疑人罪责的认定仅具有程序意义，并不产生有罪的法律效果。①

第二，从诉讼构造上，庭审程序在整个诉讼环节中应居于关键地位。

从程序设置上看，庭审程序拥有完整的控、辩、审三方架构，制度设计最为周延，人权保障最为健全，是查明案件事实真相的最佳场域，理应在所有诉讼环节、诉讼活动中处于中心地位。然而，在以侦查为中心的诉讼格局下，一旦侦查阶段犯罪嫌疑人被逮捕就很难逃脱被起诉、定罪的命运，逮捕异化为"定罪的预演、刑罚的预支，致使后继的审查起诉、法庭审理均遭架空"②。庭审形式化，难以发挥庭审程序的把关作用。在卷宗主义下，言词审理原则的缺失，宣读侦查卷宗成为庭审的中心，难以实现庭审的纠错功能。为了走出庭审形式化的积弊，充分发挥法庭审理的实质效果，要求优化诉讼职能的合理配置，实现庭审实质化，全面贯彻证据裁判原则，完善证人、鉴定人出庭制度，保证庭审在查明事实、认定证据、保护诉权、公正裁判中发挥决定性作用。

第三，从审判程序上，一审程序在所有审判程序中应具有重要地位。

在刑事审判程序中，由于金字塔般的等级化法院体制架构，加之二审和死刑复核程序均在立法上或实践中贯彻全面审查原则，均可以从事实认定、法律适用或刑罚量定的任何一个方面否定前一审裁判结果，形成审级越高、权威越大的现象，整个刑事审判程序体系的重心随之上移，一审程序相应地便失去了程序重心的地位。我国现行《刑事诉讼法》第二百三十四条规定了二审人民法院必须开庭审理刑事案件的四种情形，并未要求二审程序全部开庭审理。在实践中，二审不开庭审理成为一般，

---

① 孙长永：《审判中心主义及其对刑事程序的影响》，载《现代法学》1999 年第 4 期。

② 汪海燕：《论庭审实质化》，载《中国社会科学》2015 年第 2 期。

而开庭审理成为例外，大多数二审案件并未开庭审理，这样二审法院认定事实的能力并不优于一审法院。[①]同时，一审程序是最为完整的诉讼程序，是整个诉讼程序的基础，发挥庭审的决定性作用主要体现在一审程序上。一审程序应作为审判程序的重心，充分发挥一审程序在认定事实上的重要地位。

推进以审判为中心的刑事诉讼制度改革，是一项极为复杂的系统性改革，既涉及宏观层面上诉讼结构的全局性变革，又囊括微观层面上庭审机制的技术性调适，其艰巨性和复杂性决定了其难以一蹴而就。[②]党的十八届四中全会作出全面部署后，最高人民法院和各级司法机关积极响应。2016年最高人民法院、最高人民检察院、公安部、国家安全部、司法部联合发布《关于推进以审判为中心的刑事诉讼制度改革的意见》，2017年最高人民法院制定出台《关于全面推进以审判为中心的刑事诉讼制度改革的实施意见》并颁布出台了"三项规程"。在各级司法机关的不懈努力下，推进以审判为中心的刑事诉讼制度改革的"四梁八柱"已经搭建，取得了较为突出的阶段性成就。

随着近年来认罪认罚制度的全面铺开、企业合规改革的深化推进，学界与实务部门对于以审判为中心的刑事诉讼制度改革的关注与热度有所消退。认罪认罚从宽制度以效率为优先，而审判中心以公正为核心，二者必然在程序价值上存在一定冲突和矛盾，过分强调诉讼效率必然损害程序公正。中国法治建设初期阶段，司法公正和程序正义依然处于核心地位，任何诉讼效率的追求都必须在司法公正的前提下进行。以审判为中心的刑事诉讼制度改革，顺应了人类社会刑事诉讼制度的发展趋势，是推动我国刑事诉讼法制现代化的必由之路，是助力我国刑事诉讼发展的关键之策，是提升我国人权保障水平的根本之法。以"张满案"为典型代表的冤错案证明，审判中心之于司法公正、人权保障意义非凡。因

---

① 魏晓娜：《以审判为中心的刑事诉讼制度改革》，载《法学研究》2015年第4期。

② 陈实、胡晓辉：《深化以审判为中心的诉讼制度改革 构建刑事诉讼新格局》，载《人民法院报》2023年9月21日，第5版。

此，推进以审判为中心的刑事诉讼制度改革，对于中国刑事诉讼学界以及实务部门而言，是一场未竟的改革。这项改革只有进行时，没有完成时，需要持续地深化、不断地推进。

（二）强化和完善刑事律师辩护制度

"刑事诉讼的发展历史，就是辩护权不断扩充的历史。"[①] 作为辩护权行使的主体之一，辩护律师对于保障犯罪嫌疑人、被告人的合法权益，维护法律正确实施，实现社会公平正义发挥着不可或缺的作用。一定程度上，辩护律师的地位是否得到应有尊重，权利能否充分行使，意见是否受到足够重视，是一国人权保障水平的标志之一。

我国刑事辩护经历了曲折的发展历程。从"阅卷难、会见难、调查难"的传统三难，到"发问难、质证难、采纳难"的新三难，辩护律师在参与刑事诉讼的过程中面临着种种难题，[②] 在这些难题中，"辩护意见采纳难"尤为凸显，并由此在实践中常常导致"你辩你的，我判我的""辩与不辩一个样"等诸多异化的司法现实。这严重妨碍了辩护效果的有效实现，挫伤了辩护律师的积极性，加剧了冤错案形成的风险。

造成"辩护意见采纳难"现象，由司法体制、法官心理等多重因素造就。在司法体制上，我国"重配合，轻制约"的刑事诉讼构造强调国家机关权力的互动，个人权利在这一结构中缺乏地位，代表个人权利的辩护律师，其积极作用难以确立。在法官心理上，法官对于辩护律师在潜意识上存在一种抵触的心理，有意无意地贬低辩护律师的作用，让"辩护律师有理也讲不出来"。事实上，辩护律师不仅是犯罪嫌疑人、被告人合法权益的行使者，更是司法公正、社会正义的守护人。辩护意见不仅发挥着保障犯罪嫌疑人、被告人程序权利之功能，而且能够有效地弥补控方调查取证不足，协助法官正确地认定案件事实。有学者通过对

[①] 刘木木：《刑满出狱的张满：说我"杀了四个人"，却又不判我死刑》，红星新闻：https://weibo.com/ttarticle/p/show?id=2309404259962158243305，2023年12月21日访问。

[②] 蔡元培：《刑事诉讼如何对待辩护意见》，载《法学》2021年第8期。

近年来我国纠正的 20 起刑事冤错案系统研究发现，在刑事司法实践中侦查、检察、审判机关都轻视律师辩护，对辩护律师的合理意见经常不予采纳。在这 20 起刑事案件中，除了因资料欠缺而无法统计的 3 起案件外，在剩余的 17 起案件中律师都起到了应有的职责，正确地指出了侦查、检察机关指控以及法院裁判中存在的问题，证明犯罪嫌疑人、被告人是无罪的，但因种种原因，侦查、检察机关以及法院均未采信进而导致误判。①

本案中，从张满辩护律师的经历中可以窥见律师在刑事司法实践中的尴尬处境，进一步强化和完善刑事律师辩护制度的必要性。张满的辩护律师姜文言认为，这起案子并没有足以支撑张满构成刑事犯罪的有力证据，对于张满无罪释放充满信心。但是，现实却给辩护律师以沉重打击。无论是一审审理，还是二审审理，法庭对于辩护律师的辩护意见在未经论证的情况下全部拒绝采纳。姜文信的儿子姜建飞，当年作为一名实习律师旁听了"张满故意杀人案"的审理情况，因深感辩护律师的无力而改行做了商人。姜建飞后来在接受记者采访时说："我就是因为这个案子改行的，辩护律师太无力了。"②

强化和完善刑事律师辩护制度，确保辩护律师的合理意见在刑事诉讼中能够受到足够的重视，是人权司法保障水平提高的关键所在，是我国迈向现代化刑事诉讼模式的重要之举。未来，应当进一步强化和完善辩护律师的权利，确保辩护律师在刑事诉讼中能够发挥实质性作用。可以从以下两个方面强化和完善刑事辩护制度：一是进一步加强裁判文书说理机制。裁判文书应当对辩护意见是否采纳进行详细的论证。二是构建相应的程序制裁机制，裁判文书无视辩护理由或者不予充分说理将构成程序违法。这将作为二审撤销原判、发回重审的法定理由，或者再审

① 陈永生：《我国刑事误判问题透视——以 20 起震惊全国的刑事冤案为样本的分析》，载《中国法学》2007 年第 3 期。

② 韩旭：《律师辩护意见采纳为何难以被采纳——以法院裁判为视角》，载《法治研究》2008 年第 4 期。

的法定理由。

四、结语

公正是法治的生命线。司法公正对社会公正具有重要引领作用。习近平总书记指出："权力是一把双刃剑，在法治轨道上行使可以造福人民，在法律之外行使则必然祸害国家和人民。"刑事司法正义关乎国家正义、人权保障的重大事业，关涉公民的生命、自由和财产，立法和司法不可不慎。每一个冤错案背后都隐藏着不可挽回的悲剧，伤害的不仅是蒙冤者及其近亲属的利益，更是人民群众对法治的信仰和信念，掌握国家司法权柄者，用权不可任性而为。

"以案明法，冤案示警"。"张满案"作为刑事冤错案得以纠正，彰显党中央和国家司法机关坚持预防和纠正刑事冤错案的决心和行动，昭示着任何违法办案者、践踏法律者都必将得到法律的严惩。深入剖析"张满案"形成的原因，不难发现既有人为因素，也有制度缺陷。为防范刑事冤错案发生，必须恪守现代法治的基本精神和原则，坚持无罪推定、罪刑法定原则，坚守疑罪从无，摒弃"留有余地"的判决，贯彻证据裁判，严格排除非法证据，遏制刑讯逼供等非法取证行为，严格控制侦查滥权，确保审判独立，守住刑事司法正义的底线。

为及时纠正刑事冤错案，应当完善刑事冤错案的及时发现、及时纠正机制。为及时纠正刑事冤错案，应当确保当事人的申诉权，完善申诉审查程序，克服申诉审查程序形式化，修改"自我纠错"的再审启动机制，杜绝人为妨碍再审纠错功能，构建刑事冤错案及时甄别、发现和纠错机制，使有冤得申、有错必究。

为了不冤枉一个无辜的人，必须深入推进以审判为中心的刑事诉讼制度改革，剔除侦查中心主义的流毒，将侦查权的行使纳入到司法审查和控制的视野中，使公诉权当事人化，尊重和保障辩护权，强化和完善辩护制度，使审判权能够中立、敢于中立，确保审判在刑事诉讼中处于核心地位、发挥关键作用，使审判权真正成为民权的守护者、公平正义的践行者。

（韩延智）